부동산 세금

이진규 지음

어지러운 부동산 세금 간편 정리

머리말

부동산과 관련한 세금인 부동산 양도소득에 대한 양도소득세의 경우 부동산 가격 안정을 위한 정부의 빈번한 세법 개정으로 법령체계가 매우 복잡하여져서 세법에 관한 전문가들조차 관련 규정을 정확히 판단하는 것이 쉽지 않습니다.

이로 인하여 주택을 양도하면서 1세대 1주택으로 판단하여 양도소득세 신고를 하지 아니하였으나 과세당국의 추적 조회 결과 1세대 1주택에 해당되지 아니하므로 인하여 무거운 세금이 부과되는 사례 또는 일시적 2주택 비과세 적용대상인 줄 알고 양도소득세 신고를 하지 아니하였으나 추후 세금이 부과되는 사례, 조정대상지역 중과세 대상임에도 이를 잘못 적용하여 부동산 양도 이후 세금이 추징되는 경우 등이 빈번히 발생하고 있습니다.

한편, 부동산과 관련한 세법에 대한 기본 지식만 있었더라도 양도소득세를 충분히 줄일 수 있음에도 세금을 부담하는 기막힌 일들이 일어나기도 합니다. 따라서 본서는 부동산 양도와 관련한 세금 폭탄을 사전에 예방하고, 세법이 허용하는 범위내에서 최대한 줄일 수 있는 사례 등을 분석하여 수록하였습니다.

저자는 이러한 세무상 문제에 대하여 다양한 사례를 분석하여 세금폭탄을 예방하기 위한 핵심적인 내용을 본서에 수록하여 실질적인 도움이 될 수 있도록 각고의 노력 끝에 이 책을 저술하였으므로 독자분들에게 도움이 되었으면 합니다.

2022년 3월 저자 이진규

부탁 말씀 → 꼭 읽어 주세요

부동산을 양도하기 전 양도차익(양도가액 - 취득가액 등 필요경비)이 발생할 것으로 예상되는 경우 소득있는 곳에 세금있다는 사실을 항상 염두에 두어 돈 몇 푼 아낄려고 하지 마시고, 부동산 등을 양도하기 전에 홈택스 및 최소한 2군데 이상의 세무사등 세무전문가에게 확인하고 또 확인하여야 합니다.

이는 현행 양도소득세 관련 법령은 빈번한 개정과 복잡한 구조로 얽혀 있어 자칫 잘못하면, 중대한 세무적 문제가 발생할 수 있으므로 절대 혼자서 판단하지 마시기 바랍니다.

☐ 양도, 조심2013중4196,2013.12.23, 기각 , 완료
비과세대상이라는 세무공무원의 안내에 따라 납세자가 납부세액이 없는 것으로 양도세 신고를 하였어도 감면대상에 해당하지 아니함

양도소득세는 납세자의 신고내용에 대하여 과세당국이 신고내용의 적법성에 대하여 검증과정을 거치게 되며, 업무 감사시에도 집중적으로 확인을 합니다.

이 과정에서 납세자가 과세대상임에도 비과세로 처리한 경우, 중과세 대상임에도 일반과세로 신고하거나 취득 및 양도시기 오인, 기간 계산 착오등으로 양도소득세가 과세되는 사례, 일시적 2주택 비과세 특례 적용을 잘못한 경우 등 세금 추징 사례가 속출하므로 양도소득세 신고시에는 확인하고 또 확인하여 세무상 문제가 발생하여 낭패를 당하는 일이 없도록 철저히 검토하여야 할 것입니다.

부동산 관련 세무 상담의 경우 납세자들이 본인의 정보를 잘못 제공(세대 구성원 보유 주택, 실제 거주 여부, 농어촌주택 또는 지분주택 보유사실 누락등)하거나 보유 또는 양도하는 주택이 재개발, 재건축된 주택임을 알리지 아니하여 내지 않아도 될 세금을 내거나 양도소득세가 추징될 수 있기 때문입니다. 또한 상담을 하시는 분이 사실 관계를 오인하거나, 판단 착오, 과세당국의 해석(예규) 변경이 있었음에도 종전 예규를 적용함으로서 잘못된 상담이 될 수 있기 때문입니다.

◆ 양도, 조심2010서3968 , 2011.03.25 , 기각 , 완료
담당공무원이 제공한 요약표는 납세자의 신고 및 납세편의를 위하여 제공한 것에 불과하고 납세자로서는 그 신고안내 내용을 참고하여 적법한지를 검토한 후 신고·납부하여야 할 것인 바 주의의무를 다함이 없이 양도소득세를 신고·납부한 것은 가산세를 면제할 정당한 사유가 있다고 보기 어려운 것임

◆ 양도, 조심2010중0430 , 2010.04.29 , 기각 , 완료
납세자가 세무공무원의 잘못된 안내를 믿고 그에 따라 신고의무를 이행하지 않았다 하더라도 그것이 관련법령에 어긋나는 것임이 명백한 때에는 정당한 사유에 해당하지 않으므로 가산세 부과는 정당함.

본 도서에 실린 내용을 실무에 적용할 때는 반드시 관계법령 및 관련 해석 등의 원본 및 시행시기를 찾아 재확인하시기 바랍니다.

[세법 및 예규 등] (국세청) 국세법령정보시스템
[대한민국 모든 법령] (법제처) 국가법령정보센터

목 차

부동산 세금

CONTENTS

SECTION 1　부동산 세금 조견표, 검토표 및 법령체계

부동산 세율	17
양도소득세 세율	17
소득세 기본세율	18
2주택자 조정대상지역 주택 양도소득세율	18
3주택자 조정대상지역 주택 양도소득세율	18
조정대상지역 2주택 이상 주택수 포함 여부 및 중과세대상	19
취득세 세율 요약표	19
지방교육세 중과세 세율	20
농어촌특별세 중과세 세율	20
주택분 종합부동산세 세율	20

증여세 또는 상속세 세율	21
증여재산공제	21
증여추정 배제기준	21
상속세 일괄공제	21

양도소득세 상담 검토표   22

보유주택 →양도일 현재 1세대 구성원 보유 주택 파악	22
일시적 2주택, 조정대상지역 일시적 2주택 비과세 검토	22
조합원입주권으로 취득한 주택 확인	23
주택 등 1채만 보유 비과세 적용	23
주택 등을 2채 이상 보유한 경우	23

부동산 세금 법령 및 세무상담   24

조세 법령 등 → 국세법령정보시스템	24
국세청 세무 상담 및 양도소득세 안내	27
국세상담센터 (☎126)	27
국세청 홈택스 → 기존 상담 사례 및 인터넷 질의	27
국세청 양도소득세 종합안내	27

SECTION 2   1세대 1주택 양도소득세 비과세

1세대 1주택 비과세	28
1세대 및 1세대에 포함하여야 하는 경우	29
1세대에 포함하지 않는 경우	31
직계비속의 연령이 30세 이상으로 세대를 달리하는 경우	31
30세 미만 직계비속이 독립적으로 생계를 유지하는 경우	31
세대 분리에 의한 양도소득세 비과세	34
세대 분리시기	34
주택의 범위 및 1세대 1주택	36
1세대 1주택 보유기간	42
보유기간 특례	43
1세대 1주택임에도 과세되는 경우	45
조정대상지역 1세대 1주택 비과세 요약	46
다주택자 주택 처분 관련 양도소득세 요약	48

SECTION 3 1세대 1주택 특례 (일시적 2주택 등)

이사를 위해 일시적으로 2주택이 된 경우   50
조정대상지역 일시적 2주택 비과세 특례   56
기타 2주택임에도 비과세 특례가 적용되는 경우   60
상속주택과 일반주택을 보유한 경우 과세특례 등   62

SECTION 4 조정대상지역 지정 양도소득세 중과세 등

조정대상지역 지정   65
조정대상지역, 투기과열지구 지정 현황 ('21.08.30 기준)   69
조정대상지역으로 지정이 되었으나 중과세되지 않는 경우   71
조정대상지역 양도소득세 중과세   72
중과세 여부 판정 요약   72
1세대 2주택 판단 기준 및 중과세 제외   75
중과세 판정대상 주택수에 포함하는 주택   75
1세대 2주택 중과세 제외 주택(주택수 포함)   77
2주택 이상 장기일반민간임대주택 중과세제외 등   82
조정대상지역내 임대주택 등록 및 중과세 제외   82
장기일반민간임대주택을 보유한 경우 중과세 여부 등   83
1세대 3주택 이상 판단 기준 및 중과세 제외   85
1세대 3주택 중과세에서 제외되는 주택   86
조정대상지역 중과세 적용 사례   90

SECTION 5 분양권 양도소득세 1주택·1분양권 비과세

분양권 양도소득세   91
아파트 당첨자 분양권 취득시기 → 당첨일   92
분양권 취득과 기존주택 양도 비과세 특례   93
일시적 2주택(1주택 및 1분양권) 비과세 특례 취득시기 등   93
〈주의〉 2017.9.19. 기간 계산에 대한 예규 변경   94
분양권과 취득세 중과세 → '20.8.12. 이후 주택수 포함   97

SECTION 6 입주권 양도소득세 1주택·1입주권 비과세

조합원입주권	98
재개발 또는 재건축조합의 입주권 및 분양권	99
조합원입주권 보유기간 및 취득시기	100
조합원입주권 비과세 특례 등	101
1주택과 조합원입주권 1세대 1주택 비과세 특례	102
조합원입주권을 승계받아 취득하는 주택의 취득시기	103
조합원입주권 양도소득세	106
조합원입주권과 관련한 기타 세금 요약	108
취득세(승계조합원), 종합부동산세, 재산세	108

SECTION 7 필요경비, 장기보유특별공제, 신고·납부

양도가액 및 필요경비	109
필요경비로 공제받을 수 있는 지출액 등	110
양도가액에서 공제를 받을 수 없는 지출 사례	112
취득시 매매가액을 알 수 없는 경우 취득가액	113
장기보유특별공제	114
양도소득세 세율 및 신고·납부	121
양도소득세에 대한 지방소득세 신고 및 납부	124
양도소득세(주택) 계산구조 (실거래가액)	125

SECTION 8 양도소득세 계산시 주의할 사항, 세금 절세

하나의 계약으로 2건 이상 물건을 양도하는 경우	126
사업자가 사업용 부동산을 양도하는 경우	128
양도소득 부당행위계산부인(저가 또는 고가양도)	129
직계존비속, 배우자간 양도시 주의사항	129
양도소득세 등 세금절세 전략	130
합법적인 절세	130
특정 기간 중 미분양주택, 신축주택 취득 감면	133

SECTION 9 비사업용 토지 양도소득세 중과

비사업용토지 양도소득세 10% 중과세　　　　　　　　138
비사업용 토지 종류　　　　　　　　　　　　　　　　139
비사업용에서 제외되는 토지　　　　　　　　　　　　141
비사업용 토지의 장기보유특별공제 및 세율　　　　　143
비사업용토지 기본세율　　　　　　　　　　　　　　144

SECTION 10 장기일반민간임대주택 세제 혜택

임대주택 취득세 또는 재산세 감면 요약표　　　　　146
장기일반민간임대주택 장기보유특별공제, 양도소득세 경감　146
장기임대주택의 거주주택 비과세특례　　　　　　　147
등록임대주택 소득세 감면[조세특례제한법 제96조]　151
장기임대주택 종합부동산세 합산 배제　　　　　　　151
주택임대소득 종합과세, 분리과세 및 세액 계산구조　152
아파트 장기일반민간임대주택 폐지　　　　　　　　153
장기임대주택 자진말소 또는 자동말소 후 거주주택 특례요건　155
임대주택 세제 혜택 및 개정 내용 요약　　　　　　　158

SECTION 11 오피스텔 세금 및 양도소득세

오피스텔 임대와 관련한 세금 개요　　　　　　　　159
주거용 오피스텔 및 업무용 오피스텔의 세금 비교　　159
오피스텔을 주택으로 임대 또는 사용하는 경우　　　162
오피스텔 매입 및 보유, 양도와 관련한 세금　　　　163
업무용 오피스텔 양도시 부가가치세 신고·납부　　　170
장기임대주택 등록 세금 절세 등　　　　　　　　　171
오피스텔의 용도변경과 세무문제　　　　　　　　　173
오피스텔 임대수익 세무　　　　　　　　　　　　　175
업무용 오피스텔 임대 세무　　　　　　　　　　　　175
주거용 오피스텔 임대 세무　　　　　　　　　　　　176
임대소득에 대한 종합소득세 신고　　　　　　　　　176

SECTION 12 겸용 주택 취득세, 양도소득세 등

상가주택의 취득과 관련한 세금 … 177
상가주택 양도와 관련한 세금 … 178
상가주택의 주택 연면적이 큰 경우 1세대 1주택 적용 … 179
조정대상지역 상가주택 양도 → 주택수 2채 이상 중과세 … 179
상가주택 매매시 주택가액과 상가가액 구분 … 180
겸용주택 양도소득세 절세 및 세무리스크 … 181

SECTION 13 자경농지 양도소득세 비과세·감면 개요

감면대상 농지 요건 … 182
8년 이상 자경 … 182
자경기간 계산 … 182
농업소득외 소득 합계액이 3,700만원 미만이어야 함 … 184
감면한도액 및 감면대상이 아닌 농지 … 184

SECTION 14 종합부동산세, 재산세(지방세)

종합부동산세 개요 … 186
종합부동산세 납세의무자 및 과세대상 … 187
2021.1.1. 이후 부부공동명의 1주택자는 1주택자로 봄 … 187
종합부동산세 과세표준 및 세율 … 188
[핵심 요약] 주택분 종합부동산세 계산구조 … 190
1세대 1주택자 종합부동산세 세액공제 … 191
배우자가 없는 때에도 1세대에 해당하는 경우 … 192
1세대 1주택자 고령자 공제율 상향 및 합산 공제한도 확대 … 192
종합부동산세 합산대상에서 제외되는 주택 … 193
종합부동산세 고지 및 납부 … 194
재산세(지방세) … 195
재산세 부과기준일 및 과세표준 … 195
재산세 세율 및 납부기한 … 197

SECTION 15 취득세 중과세 및 주택수 계산

취득세 신고·납부 및 세율	199
취득세 주요 개정사항(2020.7.10. 주택시장 안정대책)	200
취득세 중과세 및 중과세대상 주택수	200
취득세, 지방교육세, 농어촌특별세 중과세 세율	202

SECTION 16 증여세 및 증여재산공제

증여재산공제 및 증여세 과세표준	209
증여세 또는 상속세 세율	210
증여에 대한 자금출처조사	211
부담부 증여 및 양도소득세	213

SECTION 17 상속세 및 상속재산공제

상속세	214
상속재산	215
상속재산에서 공제되는 금액	217
상속재산 기초공제액 및 일괄공제	217

SECTION 18 주택 구입 담보대출, 자금조달계획서 제출

주택담보대출	219
아파트 구입과 관련한 대출	219
분양 아파트 중도금 대출 및 잔금 대출	220
주택담보인정비율(LTV), 총부채상환비율(DTI), DSR	221
조정대상지역, 투기과열지구, 일반지역 LTV · DTI 비율	222
무주택세대의 조정대상지역내 주택 취득과 주택담보대출	223
서민 실수요자 LTV · DTI 비율	223
1주택 보유 세대의 거주 이전 조정대상지역 주택 취득	225
주택 구입과 자금조달계획서 제출의무	227

양도소득세 세금 절세 및 세무리스크 해결 방안

빈번한 세법 개정과 부동산 세법 관련 내용이 여기저기 얽혀 있어 부동산 양도와 관련한 양도차익이 발생한 경우로서 해당 사안이 복잡한 경우 비과세 대상, 중과세 여부등을 판단하기가 정말 쉽지가 않습니다.

이로 인하여 조세전문가들조차 양도소득세 관련 상담을 기피하고 있으며, 국세청 홈택스 상담 또한 애매한 사안의 경우 나중에 발생할 수 있는 문제를 회피하기 위하여 과세 또는 중과세가 되는 쪽으로 편의적인 답변을 할 수도 있습니다.

따라서 부동산을 양도하면서 고액의 양도차익이 발생될 것으로 예상되는 경우 세금을 절세하거나 세무리스크를 방지할 수 있는 최선의 방법은 국세청에 사전질의 또는 서면질의를 하여 공식적인 답변을 받는 것입니다.

[사전질의/서면질의] 국세청 홈페이지 → 국세정책제도 → 세법해석 질의안내

다만, 사전질의 또는 서면질의의 경우 회신 기간이 너무 오래 걸릴 수 있고, 법리 판단을 요하는 사안의 경우 회신 자체를 받지 못할 수도 있으며, 질의자가 사실 관계를 정확히 제시하지 못한 경우 문제가 발생할 수도 있습니다.

이러한 여러 가지로 문제로 양도소득세를 비과세받거나 절세하기가 쉽지 않습니다만, 차선책으로 다음 내용을 참고하시기 바랍니다.

[1] 홈택스 인터넷 질의

홈택스에 전화(☎126)로 문의하는 경우 통화 자체가 매우 어렵고, 질의의 불완전성 및 국세청 상담관의 판단 착오 등이 발생할 수 있으므로 가능한 홈택스에서 인터넷 질의를 하시기 바랍니다.

[홈택스] → 상담/제보 → 인터넷 상담사례 → 세법 관련 상담하기 → 양도소득세, 상속세 및 증여세

[2] 양도소득세 분야 전문 세무사님에게 상담을 하시기 바랍니다.

양도소득세 분야의 경우 세무사분들의 일상적인 업무가 아니므로 복잡한 양도소득세의 경우 여러 루트를 통하여 전문가를 수소문하여 상담을 하시는 것이 최선의 방법입니다.

[3] 상담료 몇 푼 아낄려고 하지 마시기 바랍니다.

양도소득세 신고납부를 잘못하여 추징되는 세금이 많은 경우 감당하기 어려운 경제적 고통을 받게 될 것입니다. 따라서 양도차익이 많은 경우 부동산을 양도하기 전에 최소한 2군데 이상의 양도소득세 분야 세무전문가에게 문의를 하시기 바랍니다.

[4] 이 책을 포함한 양도소득세 관련 도서의 활용 및 재확인

너무나 복잡한 세법 내용으로 저를 포함하여 양도소득세 관련 도서의 저자분들은 아마 혼신의 힘을 다하여 도서를 저술하였을 것입니다. 그럼에도 불구하고, 만의 하나 도서에 오류가 있을 수도 있으므로 도서는 참고용으로 활용하시고, 최종 판단은 양도소득세 분야 전문가분에게 의뢰를 하여야 합니다. 단, 양도소득세 상담을 하시는 전문가분들도 확정적인 상담을 드릴 수는 없을 것이므로 납세자 본인이 양도소득세 신고 및 납부 오류로 인한 리스크가 발생하지 않도록 확인하고 또 확인하여 낭패를 겪는 일이 발생하지 않기를 간절히 바랍니다.

SECTION 01

부동산 세금 조견표 검토표 및 법령체계

양도소득세 및 취득세 세율, 중과세 세율 종합부동산세, 증여세, 상속세 세율 조견표

■ 양도소득세 세율

구분		종전				개정	
		주택·입주권	분양권		주택 외	주택·입주권	분양권
			조정	일반			
보유기간	1년미만	40%	50%	50%	50%	70%	70%
	2년미만	기본세율		40%	40%	60%	60%
	2년이상	기본세율		기본세율	기본세율	기본세율	

<적용시기> 2021.6.1. 이후 양도하는 분부터 적용

▶ 양도소득세 계산 구조 → 과세표준 × 세율

과세표준 = 양도가액 - 필요경비(취득가액 및 취득세 등) - 장기보유특별공제(3년 이상 보유 단, 조정대상지역 2주택자 또는 분양권은 공제를 받을 수 없음) - 기본공제(250만원)

▶ 소득세 기본세율 (소득세법 §55①)

과세표준 구간	세율	누진공제액
1,200만원 이하	6%	
1,200만원 초과 4,600만원 이하	15%	108만원
4,600만원 초과 8,800만원 이하	24%	522만원
8,800만원 초과 1억5천만원 이하	35%	1,490만원
1억5천만원 초과 3억원 이하	38%	1,940만원
3억원 초과 5억원 이하	40%	2,540만원
5억원 초과 10억원 이하	42%	3,540만원
10억원 초과	45%	6,540만원

<적용시기> '21.1.1. 이후 발생하는 소득분부터 적용

▶ 2주택자 조정대상지역 주택 양도소득세율 (기본세율 + 20%)

과세표준 구간	세율	누진공제액
1,200만원 이하	26%	
1,200만원 초과 4,600만원 이하	35%	108만원
4,600만원 초과 8,800만원 이하	44%	522만원
8,800만원 초과 1억5천만원 이하	55%	1,490만원
1억5천만원 초과 3억원 이하	58%	1,940만원
3억원 초과 5억원 이하	60%	2,540만원
5억원 초과 10억원 이하	62%	3,540만원
10억원 초과	65%	6,540만원

▶ 3주택 이상 조정대상지역 양도소득세율 (기본세율 + 30%)

과세표준 구간	세율	누진공제액
1,200만원 이하	36%	
1,200만원 초과 4,600만원 이하	45%	108만원
4,600만원 초과 8,800만원 이하	54%	522만원
8,800만원 초과 1억5천만원 이하	65%	1,490만원
1억5천만원 초과 3억원 이하	68%	1,940만원
3억원 초과 5억원 이하	70%	2,540만원
5억원 초과 10억원 이하	72%	3,540만원
10억원 초과	75%	6,540만원

➡ 조정대상지역 2주택 이상 주택수 포함 여부 및 중과세대상

지역 \ 기준시가	양도 당시 3억원 초과				양도 당시 3억원 이하			
	조정		비조정		조정		비조정	
	주택수	중과세	주택수	중과세	주택수	중과세	주택수	중과세
서울특별시	O	O			O	O		
경기도	O	O	O	×	O	O	O	×
경기도 읍·면지역	O	O	O	×	×	×	×	×
인천광역시	O	O			O	O		
광역시	O	O	O	×	O	O	O	×
광역시 군지역	O	O	O	×	×	×	×	×
세종시	O	O			O	O		
세종시 읍·면지역	O	O	O	×	×	×	×	×
기타지역	O	O	O	×	×	×	×	×

🔲 취득세 세율 요약표 [1주택 기준]

취득구분	종류	구분	취득세	지방교육세	농어촌특별세	합계
상속	농지		2.3%	0.06%	0.2%	2.56%
	농지외		2.8%	0.16%	0.2%	3.16%
무상취득			3.5%	0.30%	0.2%	4.00%
원시취득			2.8%	0.16%	0.2%	3.16%
유상취득	농지		3.0%	0.20%	0.2%	3.40%
	농지외		4.0%	0.40%	0.2%	4.60%
	주택	6억원 이하	국민주택	1.0%	0.10%	-	1.10%
			기 타	1.0%	0.10%	0.2%	1.30%
		6억원 9억원	국민주택	2~3%	0.20%	-	
			기 타	2~3%	0.20%	0.2%	
		9억원 초과	국민주택	3.0%	0.30%	-	3.3%
			기 타	3.0%	0.30%	0.2%	3.5%

▶ **조정대상지역의 증여 취득에 대한 취득세율**

조정대상지역에 있는 주택으로서 취득 당시 시가표준액이 3억원 이상인 주택을 무상취득하는 경우 **취득세율** → **12%**

▶ 취득세율 → 주택수는 세대 단위로 판단함

구 분	1주택	2주택	3주택	법인, 4주택
조정대상지역	1~3%	8%	12%	12%
非조정대상지역	1~3%	1~3%	8%	12%

(적용례) ① 1주택 소유자가 非조정대상지역 주택 취득시 세율 : 1~3%
② 1주택 소유자가 조정대상지역 주택 취득시 세율 : 8%
③ 2주택 소유자가 非조정대상지역 주택 취득시 세율 : 8%

■ 지방교육세 중과세 세율 (중과세 대상 주택 → 0.4%)
○ 일반과세 : 주택규모 및 가액에 따라 0.1% ~ 0.3%
○ 중과세대상 주택 : 0.4%

■ 농어촌특별세 중과세 세율 (중과세대상 주택 → 0.3%, 1.4%)
○ 일반과세 : 국민주택 → 없음, 국민주택 규모 초과 주택 0.2%
○ 조정대상지역내 2주택, 일반지역 3주택 0.3%
○ 조정대상지역내 3주택, 일반지역 4주택 1.0%

■ (주택분) 종합부동산세 세율

○ 2주택 이하 (조정대상지역 내 2주택 제외)		○ 3주택 이상 ○ 조정대상지역 2주택	
과세표준	세율(%)	과세표준	세율(%)
3억원 이하	0.6	3억원 이하	1.2
3 ~ 6억원 이하	0.8	3 ~ 6억원 이하	1.6
6 ~ 12억원 이하	1.2	6 ~ 12억원 이하	2.2
12 ~ 50억원 이하	1.6	12 ~ 50억원 이하	3.6
50 ~ 94억원 이하	2.2	50 ~ 94억원 이하	5.0
94억원 초과	3.0	94억원 초과	6.0

<적용시기> 2021.1.1. 이후 납세의무가 성립하는 분부터 적용

■ 증여세 또는 상속세 세율

과세표준	세 율	누진공제액
1억원 이하	10%	
1억원 초과 5억원 이하	20%	1천만원
5억원 초과 10억원 이하	30%	6천만원
10억원 초과 30억원 이하	40%	1억 6천만원
30억원 초과	50%	4억 6천만원

▶ 증여재산공제

증여자와의 관계	공제금액	비고
배우자	6억원	
직계존속(부모)	5천만원	증여자의 부모, 조부모 등
직계비속(성년자녀)	5천만원	증여자의 자녀, 손자녀 등
직계비속(미성년자)	2천만원	증여자의 자녀, 손자녀 등
기타친족	1천만원	6촌이내 혈족, 4촌 이내 인척

▶ 증여추정 배제기준 [상속세 및 증여세 사무처리규정 제31조]

구 분	취득재산		채무상환	총액한도
	주택	기타재산		
1. 세대주인 경우 　가. 30세 이상인 자 　나. 40세 이상인 자	2억원 4억원	5천만원 1억원	5천만원	2억5천만원 5억원
2. 세대주가 아닌 경우 　가. 30세 이상인 자 　나. 40세 이상인 자	1억원 2억원	5천만원 1억원	5천만원	1억5천만원 3억원
3. 30세 미만인 자	5천만원	5천만원	5천만원	1억원

▶ 상속세 일괄공제

1) 상속인의 배우자가 없는 경우 → 5억원
2) 상속인의 배우자와 자녀가 있는 경우 일괄공제 → 10억원

양도소득세 상담 검토표

[1] 보유주택 →양도일 현재 1세대 구성원 보유 주택 파악

주택 종류	소재지	구분	본인과 관계	거주 여부	비고
아파트 A					
아파트 B					
아파트 C					
일반 주택					
상가겸용 주택					
다가구 주택					
주거용 오피스텔 A					
주거용 오피스텔 B					
분양권 A					
분양권 B					
조합원입주권 A					
농어촌주택					

<서식> 경영정보사 홈페이지(www.ruddud.co.kr) → 서식자료

[구분] 단독, 공동

[비고] 증여(5년 내, 5년 경과), 상속(5년 내, 5년 경과) 전근, 취학, 혼인합가, 동거봉양, 장기임대, 감면주택

▶ 조정대상지역 지정 전 계약 여부 확인

▶ 분양권 취득일 및 분양권으로 취득한 아파트 여부 확인

[2] 일시적 2주택, 조정대상지역 일시적 2주택 비과세 검토

○ 대체주택 취득, 전근, 취학 등으로 취득하는 주택, 혼인합가, 동거봉양

○ 임대주택과 거주주택

○ 일반주택과 상속주택

○ 일반주택과 농어촌주택

[3] 조합원입주권으로 취득한 주택 확인
○ 관리처분인가일 및 사용승인일 확인
○ 종전주택 및 신규주택의 관리처분인가일 이전, 이후 취득 여부
○ 원조합원, 승계조합원, 일반분양에 의한 분양권 여부

■ 주택 등 1채만 보유 비과세 적용
○ 2년 이상 보유 비과세. 단 양도가액 12억원 초과분은 과세됨
○ 2017.8.3. 이후 조정대상지역 주택을 취득한 경우 및 새로 조정대상지역으로 지정된 지역 소재 주택 → 2년 보유 및 2년 거주
- 조정대상지역 지정전 취득한 주택은 2년 거주하지 않아도 됨

▶ 조합원입주권 또는 분양권을 1개 보유한 후 양도시 비과세 여부
○ 원조합원 → 2년이상 보유한 주택 (조정대상지역인 경우 2년 거주)
 - 보유기간 : 주택 취득일 ~ 조합원입주권 양도일
○ 승계조합원 → 비과세대상 아님
○ 무주택자가 분양권 1개 보유 후 양도 → 과세

▶ 조정대상지역 지정전에 계약을 하였으나 계약 이후에 조정대상지역으로 지정된 경우
○ 무주택자가 주택을 취득한 경우 → 2년 보유(○), 2년 거주(×)
○ 일시적 2주택으로 종전주택 비과세 적용 후 대체주택을 양도하면서 대체주택이 1세대 1주택에 해당하는 경우 → 2년 보유(○), 2년 거주(○)

■ 주택 등을 2채 이상 보유한 경우
○ 비조정대상지역 주택 양도 → 양도소득세 신고·납부, 중과세(×)
○ 조정대상지역 주택 양도 → 양도소득세 신고·납부, 양도하는 주택의 중과세 대상 여부 검토

부동산 세금 법령 및 세무상담

세금은 조세법률주의에 의하여 법률 등에서 정한 바에 따라 납세자가 자진하여 신고기한내에 신고·납부하거나 과세당국이 부과하며, 세법과 관련한 법률 체계를 살펴보면 다음과 같다.

◘ 조세 법령 등 → 국세법령정보시스템

헌법(제38조)
모든 국민은 법률이 정하는 바에 의하여 납세의 의무를 진다.

법률 → 소득세법
국회의원과 정부는 법률안을 제출할 수 있으며, 법률은 국회에서 의결되, 재적의원 과반수의 출석과 출석의원 과반수의 찬성으로 의결된 법률안은 정부에 이송되어 15일 이내에 대통령이 공포한다.
단, 법률안에 이의가 있는 경우 대통령은 15일 이내에 이의서를 붙여 국회로 환부하고, 그 재의를 요구할 수 있다.

대통령령 → 소득세법 시행령
대통령령은 법률에서 구체적으로 범위를 정하여 위임받은 사항과 법률을 집행하기 위하여 필요한 사항에 관하여 제정하며, 대통령령은 국무회의의 심의를 거쳐 대통령이 발한다.

총리령·부령 → 소득세법 시행규칙

국무총리 또는 행정각부의 장은 소관사무에 관하여 법률이나 대통령령의 위임 또는 직권으로 총리령 또는 부령을 발할 수 있으며, 국세의 경우 기획재정부장관이 발하는 시행규칙을 말한다.

기본통칙 → 소득세법 기본통칙

기본통칙은 예규·통첩의 일종이며, 예규·통첩이란 상급행정관청이 행정의 통일을 도모하기 위하여 하부기관의 직무운영에 관한 세부적 사항이나 법령해석 등을 구체적·개별적으로 시달하는 것을 말한다.

☐ 소득세법 기본통칙 89-154…6 【 대지와 건물을 세대원이 각각 소유하고 있는 경우 1세대 1주택여부 】 1세대 1주택의 비과세요건을 갖춘 대지와 건물을 동일한 세대의 구성원이 각각 소유하고 있는 경우에도 이를 1세대 1주택으로 본다.<개정 1997.04.08.>
▶ 89(소득세법 조문)-154(소득세법 시행령 조문)

세법집행기준 → 양도소득세 집행기준

국세청은 어려운 세법규정을 납세자가 쉽고 명확하게 이해할 수 있도록 주요 세법에 대해 과세기준을 체계적으로 정리하고 구체화한 「세법집행기준」을 정하고 두고 있다.

☐ 양도소득세 집행기준 【89-155-5 주택신축을 위한 나대지를 보유하고 있는 경우】
1세대 1주택을 보유한 자가 다른 주택을 신축하고자 매입한 낡은 주택을 헐고 나대지 상태로 보유하고 있는 기간 동안에 종전의 주택을 양도하는 경우 1세대 1주택 비과세를 적용받을 수 있다.
▶ 89(소득세법 조문)-155(소득세법 시랭령 조문)

질의회신(실무에서는 '예규'라고도 함)

세법 내용에 관한 납세자의 질의에 대하여 과세당국이 권한있는 해석(유권해석)을 하여 회신한 내용으로 실무에서 매우 중요하게 활용하고 있다. 다만, 질의회신은 개별 사안에 대하여 과세당국이 해석을 한 것이므로 질의내용을 검토하여 그 적용에 유의하여야 한다.

사전답변

질의회신과 유사하나 납세자가 구체적인 개별사안에 대하여 법정신고기한 전에 질의한 내용을 과세당국이 답변한 내용으로 해당 사안에 대하여 법적구속력을 가진다.

▶ 질의회신과 사전답변제도 차이점

구분	전화상담	인터넷상담	서면질의	세법해석 사전답변
질의·회신방법	전화	인터넷	서면	서면
질의기한	없음	없음	없음	법정신고기한 전
질의내용	단순상담	단순상담	일반적 세법해석	개별적·구체적 세법해석
구속력	없음	없음	-	있음

▶ 사전질의 또는 서면질의 신청 : 국세청 홈페이지 → 국세정책제도 → 세법해석질의안내
○ 서면질의 : 외부 구속력은 없으나 사실상 세법적용 판단기준이 됨

심사청구 및 결정내용 → 국세법령정보시스템

납세자가 국세청의 세금부과에 대하여 이의가 있는 경우 국세청에 심사청구를 할 수 있다.

심판청구 및 결정내용 → 국세법령정보시스템

납세자가 세무서 또는 지방국세청의 조세 부과결정에 대하여 국세청

에 심사청구를 하였으나 국세청이 이를 인용하지 않는 경우 국세청과는 별도의 조세심판 전문기관인 조세심판원에 심판청구를 할 수 있다.

판례 및 결정내용 → 국세법령정보시스템

법원이 특정 소송사건에 대하여 법을 해석·적용하여 내린 판결 사례를 판례라고 하며, 국세법령정보시스템에서는 조세쟁송에 대한 법원의 판결내용을 제공하고 있다.

국세청 세무 상담 및 양도소득세 안내

국세상담센터 (☎126)

국세 상담에 관하여 국세청에서 운영하는 대민부서로 모든 세무문제를 무료로 상담하여 주는 곳이다. 전화 상담의 경우 민원인이 전화로 문의한 내용에 대한 국세청 상담관의 개인 의견으로서 법적 효력을 가지는 것이 아님을 유의하여야 한다. 한편, 국세청 상담관의 상담내용은 사실 관계의 착오 등에 의하여 답변이 잘못될 수도 있는 점을 감안하여 반드시 재확인하여야 한다.

국세청 홈택스 → 기존 상담 사례 및 인터넷 질의

국세청 양도소득세 종합안내

1) 양도소득세 종합안내 포탈 : 홈택스 → 신고·납부 → 양도소득세
2) 양도소득세 모의계산 : 홈택스 → (우측 하단) 세금종류별 서비스 → 세금모의계산 → 양도소득세

SECTION 02

1세대 1주택 양도소득세 비과세

부동산 등의 양도로 소득이 발생하는 경우 「소득세법」의 규정에 의하여 양도소득세를 신고 및 납부하여야 한다. 다만, 국가가 국민의 주거안정 등을 위하여 **1세대가 1주택을 2년 이상 보유(조정대상지역은 2년 이상 거주 요건 추가)**한 후 양도하는 경우로서 일정한 요건을 충족하는 경우 양도소득세를 과세하지 아니하며, 이를 1세대 1주택 비과세라 한다.

1세대 1주택 비과세

1세대가 양도일 현재 국내에 1주택을 보유하고 있는 경우로서 해당 주택의 보유기간이 2년 이상인 주택[취득 당시 조정대상지역에 있는 주택의 경우 해당 주택의 보유기간이 2년 이상이고 그 보유기간 중 거주기간이 2년 이상인 것을 양도하는 경우 양도소득세가 과세되지 않는다. 다만, 양도 당시 실지거래가액이 12억원을 초과하는 고가주택의 12억원 초과분은 과세된다. [소령 제154조 ①, 소령 제156조 ①]

1세대 및 1세대에 포함하여야 하는 경우

1세대

1세대란 거주자(비거주자 제외) 및 그 배우자가 그들과 **동일한 주소 또는 거소에서 생계를 같이 하는 가족(직계존속, 형제·자매)**과 함께 구성하는 1세대를 말하며, 주민등록을 달리 하더라도 실질적으로 생계를 같이 하는 경우라면, 1세대로 보아야 한다. 즉, 배우자 및 직계비속의 경우 세대를 달리하더라도 생계를 같이하는 것으로 보아 1세대에 포함하여야 한다. 예를 들어 배우자가 근무 또는 사업상 형편으로 별도의 주민등록이 되어 있거나 자녀가 취학 등의 사유로 따로 거주하는 경우 1세대의 구성원으로 본다.

▶ 가족

가족이라 함은 거주자와 그 배우자의 직계존비속(그 배우자 포함) 및 형제자매를 말하며, 취학, 질병의 요양, 근무상 또는 사업상의 형편으로 본래의 주소 또는 거소를 일시퇴거한 자를 포함한다.

☐ 1세대의 판정 기준 [양도소득세 집행기준 89-154-2]
1세대 1주택 비과세의 1세대에 해당하는지 여부는 주택 **양도일 현재**를 기준으로 판정하는 것이며, 같은 장소에서 생계를 같이하는 가족의 주민등록상 현황과 사실상 현황이 다른 경우에는 사실상 현황에 의한다.

생계를 같이하는 것으로 보는 경우 (소득세법 제88조 6)

1) 취학·질병의 요양, 근무상 또는 사업상의 형편으로 본래의 주소 또는 거소를 일시퇴거한 자
2) 군 복무중에 있는 자녀(양도, 조심2011서1570 , 2011.10.04.)

3) 주민등록이 따로 되어 있으나 부모와 사실상 생계를 같이 하는 30세 미만 자녀
4) 직계존속이 주민등록상 세대를 분리하여 별도세대를 구성하였다 하더라도 실제로는 거주자와 동일주소에서 함께 거주하는 경우

☐ 1세대의 정의 [양도소득세 집행기준 89-154-1]
거주자(주택을 양도한 자)와 그 배우자*가 그들과 동일한 주소 또는 거소에서 생계를 같이하는 가족을 1세대라고 하며, 이 경우 가족은 거주자와 그 배우자의 직계존비속(그 배우자를 포함한다) 및 형제자매를 말하며, 취학·질병의 요양, 근무상 또는 사업상의 형편으로 본래의 주소 또는 거소를 일시퇴한 자를 포함한다.
* 법률상 이혼을 하였으나 생계를 같이 하는 등 사실상 이혼한 것으로 보기 어려운 관계에 있는 사람을 포함함

☐ 거주자의 배우자와 1세대 요건을 갖춘 아들이 같은 세대원인 경우 [양도소득세 집행기준 89-154-9]
거주자가 단독으로 1세대를 구성하고 그 거주자의 배우자는 그들의 아들과 함께 1세대를 구성하여 생계를 같이하고 있는 경우에 거주자와 그 배우자는 세대 또는 생계를 달리하여도 같은 세대원으로 보는 것이나, 그 아들이 「소득세법 시행령」 제154조 제1항 및 제2항에 따른 1세대 구성요건을 갖춘 경우에는 거주자와 그 아들은 같은 세대원으로 보지 아니한다.

[사례] 본인은 단독으로 세대가 되어 있고, 배우자 및 자녀의 주민등록이 따로 되어 있는 경우 전 가족을 세대구성원에 포함하여 1세대로 보아야 하는지
<해설> [자녀 기준] 자녀가 30세 이상이거나 19세 이상 30세 미만이더라도 독립적으로 생계가 가능한 경우 자녀는 별도의 세대로 본다. 단, 이 경우에도 배우자는 본인과 동일 세대원으로 본다.

1세대에 포함하지 않는 경우

1세대란 통상 부부 및 그들과 생계를 같이하는 직계존비속, 형제·자매를 말한다. 다만, 다음의 하나에 해당하는 경우 1세대에 포함하지 아니하며, 독립된 세대로서 1세대 1주택 비과세 여부를 판정한다. (소득세법 시행령 제152조의3)

직계비속의 연령이 30세 이상인 자로서 세대를 달리하는 경우 세대에 포함하지 않음

자녀의 연령이 30세 이상인 자로서 세대를 달리하는 경우 자녀에게 배우자가 없더라도 별도 세대로 봄으로 자녀가 주택을 가지고 있어도 주택수에 포함하지 않는다. 예를 들어 30세 이상인 아들이 주민등록이 따로 되어 있는 경우로서 실질적으로 별도의 생계를 유지하는 경우 세대구성원에 포함하지 않는다.

19세 이상 30세 미만인 직계비속이 세대를 달리하면서 독립적으로 생계를 유지하는 경우 세대에 포함하지 않음

직계비속이 성년자로 세대를 따로 하면서 독립적으로 생계를 유지하는 경우 별도의 세대로 보아 1세대에 포함하지 아니한다. 다만, 이 경우 직계비속의 소득이 보건복지부에서 고시하는 기준 중위소득의 100분의 40 이상으로서 소유하고 있는 주택 또는 토지를 관리·유지하면서 독립된 생계를 유지할 수 있는 경우에 한한다.

➡ 보건복지부 고시 기준 중위소득 [2022년 기준]

구 분	1인가구	2인가구	3인가구	4인가구
월 소득	1,944,812	3,260,085	4,194,701	5,121,080
중위소득의 40%	777,925	1,304,034	1,677,880	2,048,432

세대 분리에 의한 양도소득세 비과세

세대를 분리하는 경우 1세대 1주택에 해당하여 양도소득세 비과세를 적용받을 수 있음에도 세법에 대한 무지로 내지 않아도 될 양도소득세를 납부하여야 하는 경우가 종종 발생하므로 아래 내용을 참고하여 세금을 절세하거나 세금폭탄을 맞지 않도록 유의하여야 한다.

자녀

자녀는 주민등록을 달리 하더라도 동일 세대원에 해당한다. 다만, 다음에 해당하는 자녀가 세대를 분리하는 경우 각각의 세대가 보유한 주택 수를 기준으로 1세대 1주택을 적용받아 1세대 1주택 비과세를 적용받을 수 있다. (소득세법 시행령 제152조의3))
1. 해당 거주자의 나이가 30세 이상인 경우
2. 자녀의 배우자가 사망하거나 이혼한 경우
3. 소득이 기준 중위소득의 100분의 40 수준 이상으로서 소유하고 있는 주택 또는 토지를 관리·유지하면서 독립된 생계를 유지할 수 있는 경우. 다만, 미성년자의 경우는 제외한다.

▶ **세대분리를 하더라도 동일 세대원으로 보는 경우**

배우자 및 미성년자, 성년자이나 30세 미만 자녀로서 소득이 없는 경우에는 세대를 분리하더라도 1세대의 구성원에 포함하므로 세대분리를 할 필요는 없다.

직계존속 및 배우자의 직계존속

본인 및 배우자의 직계존속(부모, 조부모 등)은 **주민등록상 동거가족**으로 되어 있는 경우 세대구성원 전부가 보유한 주택수를 기준으로 1세대 1주택 여부를 판단한다.

◆ 직계존속의 경우 주민등록이 같이 되어 있어도 실제 거주지가 다른 경우로서 해당 사실을 증명할 수 있는 경우 별도 세대로 봄
(양도, 국심1998중0828 , 1999.03.06 , 인용)
직계존속은 주민등록이 되어 있더라도 다른 곳에서 거주한 것이 확인된다면 별도의 세대를 구성하고 있는 것으로 보아야 한다는 사례

★ <주의> 주민등록상 세대분리가 되더라도 실제 분리하여 거주를 하지 아니하는 경우 과세당국은 현장 조사 등으로 확인하여 과세하게 되므로 각별한 주의를 요한다.

형제·자매

본인 및 배우자의 형제·자매(형제.자매의 배우자는 제외)는 주민등록상 동거가족으로 되어 있는 경우 세대구성원 전부가 보유한 주택수를 기준으로 1세대 1주택 여부를 판단하므로 형제·자매 또는 배우자의 형제.자매가 주택을 보유하고 있고, 본인이 주택을 보유하고 있는 경우 1세대 1주택 비과세를 적용받을 수 없다. 따라서 이 경우 세대분리를 하여 주택 양도일 현재 1세대가 1주택만을 2년 이상 보유한 경우 양도소득세가 비과세된다.

▶ 주민등록이 같이 되어 있는 본인 및 배우자의 형제자매(처제, 처남, 시동생, 시누이)는 세대구성원에 포함함

1세대 1주택 비과세 판단시 주민등록이 같이 되어 있는 본인의 형제·자매 또는 배우자의 형제·자매도 1세대의 범위에 포함하므로 본인 또는 배우자의 형제·자매가 동거하는 가족으로서 주택이 있는 경우 1세대 1주택에 해당하지 아니하므로 특별히 유의하여야 한다.

단, 본인 기준으로 처남, 처형, 처제는 세대구성원에 해당하나 형수, 제수, 제매, 매형, 동서 등은 주민등록이 같이 되어 있어도 세대구성원에 해당하지 않는다.

세대 분리시기

1세대의 주택보유수는 **양도시점**(잔금청산일) **현재**의 상황에 의하므로 세대 분리는 양도하는 주택의 잔금청산일 이전에 세대 분리를 하여야 한다.

〈세금 절세〉 만30세 이상 세대분리 및 증여추정 배제 기준

1. 자녀가 주택을 보유하더라도 자녀의 나이가 만30세 이상이 되는 날부터 미혼이라도 주민등록을 따로 하여 세대분리를 하면, 자녀가 보유한 주택을 주택수에서 제외하므로 세대분리한 만30세 이상의 자녀가 보유한 주택외에 1세대가 1주택만을 2년 이상 보유한 주택을 양도하는 경우 1세대 1주택 비과세를 적용받을 수 있다.
2. 만30세 이상의 자녀가 주택을 취득하더라도 2억원 이하의 주택 취득자금에 대하여 자금출처 소명을 요구받지 아니하므로 이러한 규정을 잘 활용하면, 세금 절세에 많은 도움이 된다.

▶ 증여추정 배제 기준 [상속세 및 증여세 사무처리규정 제31조]

구 분	취득재산		채무상환	총액한도
	주택	기타재산		
1. 세대주인 경우				
가. 30세 이상인 자	2억원	5천만원	5천만원	2억5천만원
나. 40세 이상인 자	4억원	1억원		5억원
2. 세대주가 아닌 경우				
가. 30세 이상인 자	1억원	5천만원	5천만원	1억5천만원
나. 40세 이상인 자	2억원	1억원		3억원
3. 30세 미만인 자	5천만원	5천만원	5천만원	1억원

♣ 상속세 및 증여세 사무처리규정

국세법령정보시스템 (홈페이지) → 훈령 → 재산

부모·형제의 주민등록과 실제 거주지가 다른 경우

부모, 형제, 자매의 거주지가 주민등록표상의 내용과 실제 거주지가 다른 경우 실제 거주 여부에 의하는 것으로서 그 사실관계는 거주자가 제출하는 객관적인 증빙자료에 의하여 확인되는 경우 인정되는 것이며, 관련 사실 및 실제 거주 입증자료를 종합하여 관할 세무서장이 사실 판단할 사항이다.

[사례] 1세대 1주택 해당 여부
1) 1세대가 양도일 현재 국내에 1주택을 보유하고 있는 경우로서 해당 주택의 보유기간이 2년 이상인 것은 1세대 1주택으로 양도소득세가 비과세된다.(양도가액 12억원 초과분은 과세)
2) 1세대라 함은 거주자 및 그 배우자가 그들과 동일한 주소 또는 거소에서 생계를 같이 하는 가족과 함께 구성하는 세대를 말하는 것이며 취학·질병의 요양, 근무상 또는 사업상의 형편으로 본래의 주소 또는 거소를 일시퇴거한 자를 포함하는 것이다.
3) 실제 별도로 거주하였다는 사실을 입증할 수 있는 자료를 단정적으로 증명할 수는 없으나 몇 가지 예를 들면, 아래와 같으며 주거지역, 주거형태에 따라 실제로 거주하였다는 사실을 입증할 수 있는 구체적이고 객관적인 증빙을 제출하여 관할세무서에서 별도 세대로 인정하는 경우에는 비과세 적용을 받을 수 있을 것으로 사료된다. 다만, 이와 같은 서류가 있다하여 모두 비과세 된다는 것은 아니나 가능한 한 많은 자료를 제출하면 도움이 될 것이다.

- 아파트 입주자관리카드
- 교통카드 사용 내역
- 신용카드 사용 내역
- 해당 거주지로 배달된 핸드폰요금청구서 등 각종 우편물
- 공공요금 및 관리비 납부영수증

주택의 범위 및 1세대 1주택

1세대가 보유한 주택수가 1주택인 경우 비과세 적용

1세대 1주택에서 '주택'이라 함은 사실상 주거용으로 사용하는 건물을 말하며, 건축허가서상의 내용 또는 등기 내용에 관계없이 거주의 목적을 위하여 사용되는 건축물은 주택으로 본다. 거주용으로 사용하는지 여부는 공부(등기부등본, 건축물관리대장등)상의 용도에 관계없이 **사실상의 용도**에 따라 판단하되, 사실상의 용도구분이 불분명한 경우에는 공부상의 용도에 따라 판단한다.

1세대가 1주택만을 보유한 경우로서 2년 이상 보유한 주택(조정대상지역 지정 이후 취득한 경우 2년 거주하여야 함)을 양도하는 경우 비과세가 적용되는 것으로서 주택에 해당하는 주택수가 양도 당시 2주택 이상인 경우 양도소득세를 신고 및 납부하여야 한다.

▶ 주택에 해당하는 주택 등
- 주택, 아파트, 도시형 생활주택, 주거용 오피스텔, 장기임대주택
- 조합원입주권, 분양권(2021.1.1.이후 취득분에 한함)
- 다가구주택, 상가겸용주택, 부동산매매사업자의 재고주택
- 지분 소유 주택, 소수지분이 아닌 상속주택

☐ 1주택을 공동으로 상속받은 소수지분자의 1세대 1주택의 비과세를 판단하는 경우 당해 공동상속주택은 거주자의 주택으로 보지 아니함
(양도, 서면인터넷방문상담4팀-1928 , 2004.11.29.)

☐ 1세대 1주택 비과세 및 1세대 2주택 중과세율 적용시 1주택을 여러 사람이 공유하는 경우 공유자 각인이 1주택을 소유한 것으로 보는 것임
(양도, 서면인터넷방문상담5팀-855 , 2008.04.22.)

공부상 주택이 아니나 사실상 주택인 경우

국세청에서는 모든 과세자료에 대하여 일일이 사실상의 용도를 확인하여 과세할 수 없으므로 일단 공부상의 용도에 의해 과세대상 여부를 판단한다. 따라서 사실상의 용도가 공부상의 용도와 다른 경우에는 납세자가 사실상의 용도를 입증하여야 하며, 증빙서류에 의하여 그 사실이 객관적으로 입증되어야 인정을 받을 수 있다.

주택을 근린생활시설로 용도를 변경한 경우

주택을 근린생활시설로 용도변경한 경우 주택으로 보지 아니하며, 양도하는 부동산이 근린생활시설인지 여부는 양도일 현재를 기준으로 판정한다.

근린생활시설을 주택으로 용도를 변경한 경우

근린생활시설을 주택으로 용도변경한 경우 주택으로 보되, 양도하는 부동산이 주택인지 여부는 양도일 현재를 기준으로 판정한다.

□ 점포를 주택으로 용도 변경한 경우 보유기간 계산
[양도소득세 집행기준 89-154-33]
주택을 점포로 용도 변경하여 사업장으로 사용하다 이를 다시 주택으로 용도 변경한 후 해당주택을 양도하는 경우 거주기간 및 보유기간 계산은 해당 건물의 취득일부터 양도일까지의 기간 중 주택으로 사용한 기간을 통산한다.

1세대 1주택 비과세 적용 부수토지

1세대 1주택 비과세 적용시 일정 범위내의 부수토지는 1세대 1주택에 포함하여 비과세가 적용되며, 그 범위는 다음과 같다.

[개정 세법] 1세대 1주택 비과세 적용 부수토지 조정(소득령 §154⑦)
(현행) ㅇ 도시지역: 주택 정착면적의 5배, ㅇ 도시지역 밖: 10배
(개정) ㅇ 도시지역: 수도권: 5배 → 3배, 수도권 밖: 5배
         ㅇ 도시지역 밖: 10배
<적용시기> 2022.1.1. 이후 양도하는 분부터 적용(2020년 개정 세법)

다가구주택

다가구주택은 한 가구가 독립하여 거주할 수 있도록 구획된 부분을 각각 하나의 주택으로 본다. 다만, 해당 다가구주택을 구획된 부분별로 양도하지 아니하고 하나의 매매단위로 하여 양도하는 경우에는 그 전체를 하나의 주택으로 본다.

다가구주택의 1세대 1주택 비과세 처리시 여러 가지 세무상 문제가 발생할 수 있으므로 각별한 주의를 하여야 한다.

다가구주택 : 다음의 요건을 모두 갖춘 주택으로서 공동주택에 해당하지 아니하는 것을 말한다.
1) 주택으로 쓰는 층수(**지하층은 제외**한다)가 **3개 층 이하**일 것. 다만, 1층의 전부 또는 일부를 필로티 구조로 하여 주차장으로 사용하고 나머지 부분을 주택 외의 용도로 쓰는 경우에는 해당 층을 주택의 층수에서 제외한다.
2) 1개 동의 주택으로 쓰이는 바닥면적의 합계가 **660제곱미터 이하**일 것
3) **19세대**(대지 내 동별 세대수를 합한 세대를 말한다) 이하가 거주할 수 있을 것

□ 양도, 조심-2018-서-0896,2018.05.14, 기각 , 완료
공부상 기재사항(단독주택)과 달리 4층 이상을 주택으로 사용(공동주택)한 겸용주택에 대해 1세대 1주택 비과세 대상인 단독주택에 해당하지 않는 것으로 보아 양도소득세를 과세한 처분 당부

★ <주의> 옥상에 옥탑방을 설치한 경우 다가구주택 요건을 충족하지 못하게 되어 임대에 사용한 면적에 대하여 양도소득세를 과세하게 됨

조합원입주권

조합원입주권은 주택수에 포함한다. 따라서 1주택과 1조합원입주권을 보유한 상태에서 주택 또는 조합원입주권을 양도하는 경우 양도소득세가 과세된다. 단, 일시적 2주택 요건을 충족하는 주택을 양도하는 경우에는 비과세된다.

분양권

분양권의 경우 주택수에 포함하지 아니하였으나 2021.1.1. 이후 취득한 분양권은 주택수에 포함된다.

[개정 세법] 주택 수 계산시 분양권도 포함 [소득세법 제89조))
1주택 + 분양권 보유시에도 1주택 비과세 미적용
<적용시기> 2021.1.1. 이후 양도하는 분부터 적용

공동소유 주택 1세대 1주택

1주택을 여러 사람이 공동으로 소유한 경우 주택 수를 계산할 때 공동 소유자 각자가 그 주택을 소유한 것으로 본다.(소득세법 시행령 제154조의2) 단, 동일 세대원이 공동 소유한 주택의 경우 비과세 요건을 갖추어 동시에 양도하는 경우 1세대 1주택으로 양도소득세가 비과세 된다. (양도, 재일46014-1565 , 1994.06.11.)

☐ 심사양도1999-4299 , 1999.08.13 , 기각 , 완료
양도 당시 양도주택과 공동소유주택의 지분을 소유하고 있는 경우 1세대 2주택자로서 1세대 1주택 비과세되지 않는 것임

상가주택(겸용주택)

상가주택(겸용주택)의 경우 주택수에 포함한다.

오피스텔의 주택 여부 및 양도소득세

오피스텔이 주택용도인 경우로서 1세대 1주택 요건을 충족하는 경우 비과세를 적용받을 수 있지만, 1주택을 보유한 자가 주택용도인 오피스텔을 보유한 경우 1세대 2주택에 해당되어 1세대 1주택 비과세가 적용되지 않는다.

▶ **공부상 업무시설인 오피스텔을 주거용으로 사용하는 경우**

공부상 업무시설인 오피스텔을 상시 주거용 건물로 사용하는 경우에는 주택으로 보아 1세대 1주택 비과세적용이 가능하다.

폐가(농어촌주택 등)의 주택 해당 여부 및 양도소득세

소득세법상 주택을 판정하는 때에 주택부분은 양도당시 사실상 사용하는 용도에 따라 판정하는 것이며, 그 사실상 사용하는 용도가 불분명한 경우에는 공부상의 등재내용에 따라 판정한다. 따라서 주택으로 사용하던 건물을 장기간 공가상태로 방치한 경우에도 공부상의 용도가 주거용으로 등재되어 있으면 주택으로 본다.

다만, 장기간 공가상태로 방치한 건물이 건축법상 건축물로 볼 수 없을 정도로 폐가가 된 경우에는 주택으로(기둥이 무너지고 없는 상태 등) 보지 아니하는 것으로 이에 해당하는지 여부는 사실조사하여 판단할 사항이나 건축물의 구조(벽, 기둥, 지붕)가 그대로 유지되고 있는 경우에는 주택으로 본다.

<세금 폭탄> 폐가가 아닌 경우 주택에 해당함
폐가는 주택으로 보지 아니하나, 폐가가 아닌 경우 주택으로 보아 폐가외의 다른 주택이 있는 경우 다른 주택 양도시 1세대 1주택에 해당하지 아니함에도 1세대 1주택으로 보아 양도소득세를 납부하지 않은 사실에 대하여 양도소득세를 추징함

☐ 양도, 조심2009서3950 , 2010.09.27 , 기각 , 완료
장기미사용으로 인하여 전기사용계약이 임시해지된 것으로 보아 아파트 양도 당시 주택으로서의 기능을 상실한 폐가로 보기는 어려움

<세금 폭탄> 폐가는 1세대 1주택 비과세를 적용받을 수 없음
폐가는 주택이 아니며, 주택이 아닌 폐가를 양도한 경우 양도차익에 대하여 양도소득세를 신고 및 납부하여야 함에도 1세대 1주택 비과세로 신고한 내용에 대하여 양도소득세를 추징함
(양도, 조심-2015-서-1868 , 2015.09.21 , 기각 , 완료)

★ <주의> 1세대가 1주택과 폐가(주로 농어촌 지역)를 보유한 경우로서 1주택 비과세를 적용받기 위해서는 폐가를 허물고 양도하여야 한다.

☐ 주택의 판정 기준일 [양도소득세 집행기준 89-154-12]
주택에 해당하는지 여부는 양도일 현재를 기준으로 판단하며, 매매특약에 의하여 매매계약일 이후 주택을 멸실한 경우에는 매매계약일 현재를 기준으로 판단한다.

★ <주의> 일반적인 경우 주택의 양도일은 잔금청산일이나 주택을 멸실한 경우 주택 또는 토지 거래인지 여부는 <u>매매계약일</u> 현재를 기준으로 판단한다.

1세대 1주택 보유기간

비과세대상 1세대 1주택 및 보유기간(소득세법 제98조)

1세대가 양도일 현재 국내에 1주택을 보유하고 있는 경우로서 해당 주택의 보유기간이 2년 이상인 것으로 하며, 자산의 보유기간은 그 자산의 취득일부터 양도일까지로 하되, **양도 또는 취득 시기는 해당 자산의 대금을 청산한 날로 한다.** 단, 대금을 청산한 날이 분명하지 아니한 경우 취득 또는 양도시기는 다음과 같다.
(소득세법 시행령 제162조)
1. 대금을 청산한 날이 분명하지 아니한 경우에는 등기부·등록부 또는 명부 등에 기재된 등기·등록접수일 또는 명의개서일
2. 대금을 청산하기 전에 소유권이전등기를 한 경우에는 등기부·등록부 또는 명부등에 기재된 등기접수일
3. 자기가 건설한 건축물에 있어서는 사용승인서 교부일. 다만, 사용승인서 교부일 전에 사실상 사용하거나 임시사용승인을 받은 경우에는 그 사실상의 사용일 또는 임시사용승인을 받은 날 중 빠른 날

2주택 이상 세대가 주택을 처분한 후, 최종 1주택이 된 경우 보유기간 기산일 [소득세법 시행령 제154조 ⑤]

2021년 1월 1일 현재 2주택 이상을 보유한 1세대가 다른 주택을 양도하고 최종적으로 1주택만 보유하게 된 경우 최종 1주택이 된 날부터 보유기간을 기산한다. 단, 일시적 2주택으로 비과세 특례를 적용받은 경우 최종 1주택 보유기간은 최종 1주택의 취득일로 한다.

[개정 세법] 1세대 1주택 비과세 적용시 보유기간 계산의 예외 사유 추가
○ 증여, 용도변경을 통해 다른 주택을 처분한 경우 추가
<적용시기> 2021.2.17. 이후 2주택 이상을 보유한 1세대가 증여 또는 용도 변경하는 경우부터 적용 [소득세법 시행령 제154조 ⑤]

보유기간 특례

> 1세대가 양도일 현재 국내에 1주택을 보유하고 있는 경우로서 다음의 어느 하나에 해당하는 경우 그 보유기간 및 거주기간의 제한을 받지 않는다. (소득세법 시행령 제154조 ①)

건설임대주택에 5년 이상 거주한 이후에 분양전환된 아파트를 양도하는 경우

민간건설임대주택 또는 공공건설임대주택을 취득하여 양도하는 경우로서 해당 건설임대주택의 임차일부터 해당 주택의 양도일까지의 기간 중 **세대전원이 거주**(취학, 근무상의 형편, 질병의 요양, 그 밖에 부득이한 사유로 세대의 구성원 중 일부가 거주하지 못하는 경우를 포함한다)한 기간이 **5년 이상**인 경우

〈세금 폭탄〉 건설임대아파트 5년 거주요건 및 분양전환 후 양도

건설임대주택을 취득하여 양도하는 경우로서 당해 건설임대주택의 임차일부터 당해주택의 양도일까지의 거주기간이 5년 이상인 경우에는 취득일 이후 2년 보유 여부에 관계없이 1세대 1주택 양도소득세 비과세를 적용 받을 수 있는 것이나, 임차주택에서의 5년 거주요건을 충족하지 못한 것으로 보아 양도소득세를 추징함
(양도, 조심2011광0994, 2011.04.28, 기각, 완료)

근무상 형편, 취학 등에 의하여 거주를 이전하는 경우

주택 취득 이후 발생한 취학, 근무상 형편, 질병의 요약등 부득이한 사유로 **1년 이상 거주한 주택**을 양도하는 경우 1세대 1주택 비과세가 적용된다. [소득령 제154조 ① 3, 소득세법 시행규칙 제71조 ③]

취학, 근무상의 형편, 질병의 요양, 그 밖에 부득이한 사유란 세대전원이 다음 각 호의 어느 하나에 해당하는 사유로 다른 시(특별시, 광역시, 특별자치시 및 제주시 포함)·군으로 주거를 이전하는 경우(광역시지역 안에서 구지역과 읍·면지역 간에 주거를 이전하는 경우와 특별자치시, 도농복합형태의 시지역 및 제주시 안에서 동지역과 읍·면지역 간에 주거를 이전하는 경우 포함)를 말한다.

1. 고등학교(초등학교 및 중학교 제외) 및 대학교에의 취학
2. 직장의 변경이나 전근등 근무상의 형편
3. 1년이상의 치료나 요양을 필요로 하는 질병의 치료 또는 요양
4. 학교폭력으로 인한 전학

주택 및 그 부수토지가 수용되는 경우

주택 및 그 부수토지(사업인정 고시일 전에 취득한 주택 및 그 부수토지에 한한다)의 전부 또는 일부가 「공익사업을 위한 토지 등의 취득 및 보상에 관한 법률」에 의한 협의매수·수용 및 그 밖의 법률에 의하여 수용되는 경우 (그 양도일 또는 수용일부터 5년 이내에 양도하는 그 잔존주택 및 그 부수토지를 포함하는 것으로 한다.)

해외이주로 세대전원이 출국하는 경우

「해외이주법」에 따른 해외이주로 세대전원이 출국하는 경우. 다만, 출국일 현재 1주택을 보유하고 있는 경우로서 출국일부터 2년 이내에 양도하는 경우에 한한다.

1년 이상 국외거주를 위하여 세대전원이 출국하는 경우

1년 이상 계속하여 국외거주를 필요로 하는 취학 또는 근무상의 형편으로 세대전원이 출국하는 경우. 다만, 출국일 현재 1주택을 보유하고 있는 경우로서 출국일부터 2년 이내에 양도하는 경우에 한한다.

1세대 1주택임에도 과세되는 경우

일반지역의 경우 보유기간이 2년 미만인 경우
1세대가 양도일 현재 국내에 1주택을 보유하고 있는 경우로서 해당 주택의 보유기간이 2년미만인 것

조정대상지역의 경우 2년 미만 보유 또는 2년 미만 거주
취득 당시 조정대상지역에 있는 주택의 경우에는 해당 주택의 보유기간이 2년 미만이거나 그 보유기간 중 거주기간이 2년 미만인 것

양도 당시 12억원을 초과하는 고가주택의 12억원 초과분
양도 당시의 실지거래가액이 12억원을 초과하는 고가주택 및 조합원 입주권(2020년 1월 1일 이후 양도하는 것)의 경우 1세대 1주택에 해당하더라도 12억원 초과분은 과세된다.

다만, 장기보유특별공제율은 1세대 1주택의 공제율이 적용되며, 12억원에 상당하는 금액은 과세되지 않는다. 즉, 양도 당시 실지거래가액이 12억원을 초과하는 고가주택의 경우 1세대 1주택 비과세 요건을 갖추었다면 양도차익 전체에 대하여 양도소득세가 과세되는 것이 아니라 12억원을 초과하는 부분만 양도소득세가 과세된다.

[개정 세법] 고가주택 및 고가 조합원입주권의 금액기준의 상향입법 및 상향조정(소득세법 제89조제1항제3호 및 제4호 각 목외의 부분)
고가주택 및 고가 조합원입주권의 금액기준을 법률에 직접 규정하는 한편, 기준금액을 9억원에서 12억원으로 상향 조정함.
<시행시기> 2021. 12. 8. 이후 양도하는 주택부터 적용

조정대상지역 1세대 1주택 비과세 요약

조정대상지역 지정 전부터 보유하고 있는 주택의 1세대 1주택 비과세 → 2년 보유, 2년 거주(×)

1) 1세대가 양도일 현재 국내에 1주택을 보유하고 있을 것
2) 해당 주택의 보유기간이 2년 이상인 주택
3) 양도가액이 12억원을 초과하는 주택 → 12억원 초과분만 과세

2017.8.3. 이후 조정대상지역 주택 취득시 1세대 1주택 비과세는 보유기간 중 2년 이상 거주하여야 함

2017. 8. 3. 이후 조정대상지역에 소재한 주택을 취득하는 경우 또는 일반지역에서 새로 조정대상지역으로 지정이 된 지역의 주택을 취득하는 경우 보유기간이 2년 이상이고 그 보유기간 중 거주기간(주민등록표 등본에 따른 전입일부터 전출일까지의 기간)이 2년 이상은 되어야 1세대 1주택 비과세를 적용받을 수 있다.

▶ **2017. 8. 2. 이전에 조정대상지역 소재 주택을 취득한 경우**
2년 이상 보유하면 되는 것으로 2년 거주요건은 적용하지 않는다.

▶ **무주택자가 조정대상지역 지정 전에 주택을 계약하였으나 잔금 청산일 전 조정대상지역으로 지정된 경우 → 일반지역 주택 요건**
조정대상지역의 공고가 있은 날 이전에 매매계약을 체결하고, 계약금을 지급한 사실이 증빙서류에 의하여 확인되는 경우로서 해당 거주자가 속한 1세대가 **계약금 지급일 현재 주택을 보유하지 아니한 경우(무주택세대)**에 향후 해당 주택 양도시 1세대 1주택 판정시에는 2년 거주 요건은 적용하지 않는다. [소득령 제155조 ① 5]

조정대상지역 1세대 1주택 비과세 요건

1) 1세대가 양도일 현재 국내에 1주택을 보유하고 있을 것
2) **취득 당시** 조정대상지역에 있는 주택
3) 해당 주택의 보유기간이 2년 이상이고, 보유기간 중 거주기간이 2년 이상이어야 함

▶ 거주기간 → 주민등록표의 전입일부터 전출일까지의 기간
<주의> 1세대 구성원의 보유주택수 계산시에는 사실상 거주 여부에 의함

▶ 2년 이상 거주 → (원칙) 세대전원 거주
(예외) 취학, 근무상의 형편, 질병의 요양 그 밖의 부득이한 사유로 세대의 구성원 중 일부가 이사하지 못하는 경우 거주한 것으로 봄

2021.1.1. 현재 1세대 1주택인 경우 보유기간은 해당 주택의 취득시점부터 계산

2021.1.1. 현재 2주택 이상인 1세대가 주택을 처분하고 1주택에 된 경우

보유기간 및 거주기간은 1주택이 된 날로부터 기산한다. 단, 일시적 2주택자로서 먼저 취득한 주택이 일시적 2주택 비과세요건을 충족하여 비과세받은 경우(조정대상지역 일시적 2주택 비과세 특례 참조) 또는 상속·동거봉양 등 부득이한 사유로 인해 1주택 비과세를 받는 주택은 해당 주택의 취득일부터 보유기간을 기산한다.

조정대상지역 주택을 취득한 이후 해제된 경우

2017.8.3. 이후 조정대상지역의 주택을 취득한 이후 조정대상지역 지정이 해제된 경우에도 2년 거주요건을 충족하여야 비과세를 적용받을 수 있으므로 특히 유의하여야 한다.

다주택자 주택 처분 관련 양도소득세 요약

2주택 세대의 주택 처분과 관련한 양도소득세 핵심 요약

2주택자 : 먼저 취득한 주택 양도 → 일시적 2주택 비과세 요약

A주택(먼저 취득) + 1년 이후 B주택(나중 취득) → B주택 취득일로부터 3년내 [A주택(조정지역) → B주택(조정지역) : 1년 ~ 2년이내)]
A주택 양도 비과세 [2년 이상 보유 + (조정지역) 2년 거주]
▶ A주택 양도 이후 1주택자로서 B주택 양도시 B주택 취득시기
→ B주택 취득일

<주의> 1세대 1주택 특례 및 관련 법령 등을 반드시 확인하여야 함

2주택자 : 나중 취득한 주택 양도 OR 비과세 요건 불비 → 과세

A주택(먼저 취득) + B주택(나중 취득) → B주택 먼저 양도 → 과세
B주택이 조정대상지역에 있고, A주택이 중과세대상 주택수(조정대상지역 중과세 참조)에 포함하는 주택인 경우
→ 2주택자 중과세 : 기본세율 + 20%, 중과세되는 경우 장기보유특별공제를 받을 수 없음
▶ B주택 양도 이후 남은 A주택 양도시 취득 기산일→ B주택 양도일
▶ A주택이 조정대상지역에 있는 경우 A주택 1세대 1주택 요건
→ B주택 양도일 이후 A주택에서 2년 이상 거주하여야 함

2주택 세대가 주택 처분 후 1주택이 된 경우 보유기간

2021.1.1. 이후 양도분부터 1세대가 2주택 이상을 보유한 상황에서 다른 주택들을 모두 양도하고 1주택이 된 경우 보유기간은 **최종적으로 1주택만 보유하게 된 날로부터 기산한다.**

[사례] 2주택자로서 1주택 처분 이후의 보유기간 계산

A주택 : 2015.05. 취득

B주택 : 2018.05. 취득

B주택 : 2021.07. 양도 → 과세

A주택 : 2021.12. 양도 → 과세

[해설] 2주택자로서 일시적 2주택자가 아닌 경우 다른 주택을 처분한 이후 1주택 보유기간은 1주택이 된 시점(2021.07.)부터 보유기간을 계산하며, A주택은 보유기간이 2년 미만이므로 과세되는 것임

2주택 세대가 1주택을 처분하면서 과세되고, 최종 1주택이 조정대상지역 지정 이후 취득한 경우 거주기간 기산

2주택 이상자가 주택을 처분하고, 남은 최종 1주택이 조정대상지역 지정 이후에 취득한 경우 1주택을 보유한 시점부터 2년 이상 보유하고, 2년 이상 거주를 하여야 한다. 예를 들어 1세대가 A주택을 취득한 이후 B주택을 취득하고 B주택을 먼저 양도하는 경우 B주택은 일시적 2주택 특례적용 대상이 아니므로 양도소득세가 과세된다.

그리고 최종 1주택으로 보유하게 된 A주택이 조정대상지역 지정 이후에 취득한 주택이라면, A주택으로 다시 들어가서 2년 이상 거주를 하여야 A주택 양도시 1세대 1주택 비과세를 적용받을 수 있다. 단, 조정지역 지정일 이전 A주택을 취득한 경우 거주요건은 해당하지 않는 것으로 판단된다. (양도, 기획재정부 재산세제과-35, 2021.01.14.)

3주택 세대가 1주택을 처분한 후 나머지 2주택이 일시적 2주택 요건을 충족하는 경우 일시적 2주택 비과세 특례

3채의 주택을 보유한 세대가 하나의 주택을 과세양도한 이후 나머지 2주택이 일시적 2주택 비과세 특례요건을 충족하는 경우 비과세 적용을 받을 수 있으며, 자세한 내용은 다음 장을 참고한다.

SECTION 03
1세대 1주택 특례 (일시적 2주택 등)

이사를 위해 일시적으로 2주택이 된 경우

일시적 2주택 비과세 요건 → 취득 후 1년 경과

한 채의 주택(종전 주택)을 가지고 있던 1세대가 그 집을 취득한 날로부터 **1년 이상**이 지난 후 새로운 주택 1채를 추가 구입하여 일시적으로 2주택이 된 경우, 새로운 주택을 구입한 날부터 3년(조정대상지역에서 조정대상지역으로 이사를 한 경우에는 1년)내에 종전의 주택을 팔게 되면 비과세가 적용된다. 단, 종전주택 **보유기간은 2년 이상(조정대상지역인 경우 2년 거주하여야 함)** 이어야 한다.

주택을 보유한 상태에서 아파트 분양권을 취득한 경우

국내에 1주택을 소유한 1세대가 2021.1.1. 이후 종전주택을 양도하기 전에 분양권을 취득함으로써 일시적으로 1주택과 1분양권을 소유하게 된 경우 종전주택을 취득한 날부터 **1년 이상 지난 후에 분양권을 취득하고** 그 분양권을 취득한 날부터 3년 이내에 종전주택을 양도하는 경우에는 이를 1세대 1주택으로 보아 제154조제1항(1세대 1주택의 특례)을 적용한다. [소득세법 시행령 제156조의3 ②]

단, 2020.12.31. 이전에 분양권을 취득한 경우 분양권은 주택수에 포함하지 아니하므로 아파트 잔금청산일로부터 3년 이내에 종전주택을 양도하는 경우 종전주택은 비과세를 적용받을 수 있다.
(상세 내용 → 분양권 양도소득세)

3주택이나 1세대 1주택 특례(소득세법 제155조)가 중첩 적용되는 경우 → 일시적 2주택 비과세됨

소득세법 시행령 제155조 1세대 1주택 특례에 해당하는 상속주택, 거주주택(임대주택과 거주주택 보유한 세대의 거주주택 비과세 특례), 혼인합가, 동거봉양 등을 위하여 2주택 이상을 보유한 세대가 대체주택을 취득하는 경우 해당 주택외의 1주택과 신규주택이 일시적 2주택에 해당하는 경우 비과세를 적용받을 수 있다.

☐ 상속받은 주택과 그 밖의 주택을 소유하고 있는 1세대가 일반주택을 취득한 날부터 1년 이상이 지난 후 다른 주택을 취득하고 그 취득한 날부터 3년 이내에 일반주택을 양도할 때에는 이를 1세대 1주택으로 보는 것임 (양도, 서면-2017-부동산-2328 [부동산납세과-1409] , 2017.12.21.) → (상세 내용) 상속주택 편

☐ 거주주택과 임대주택을 보유한 1세대가 대체주택을 취득하고, 거주주택을 양도한 경우 장기임대주택특례와 일시적2주택 특례의 중첩적용이 가능한 것임
(양도 사전-2020-법령해석재산-0320, 2021.01.20.)

양도가액 중 12억원을 초과하는 금액은 과세됨

2020. 1. 1. 이후 양도가액이 12억원을 초과하는 경우 일시적 2주택 비과세 특례에 해당하더라도 12억원 초과분은 양도소득세가 과세된다.

일시적 2주택자의 종전주택 처분(비과세) 후 남은 신규주택의 보유기간 기산일 → 신규주택 취득일

2021.1.1. 이후 주택의 보유기간은 최종적으로 1주택이 된 날부터 기산한다. 다만, 일시적 2주택자로서 종전주택이 비과세 된 이후 신규주택의 보유기간은 신규주택 취득일부터 기산한다.

➡ 일시적 2주택자의 종전주택 처분후 신규주택의 보유기간 기산일

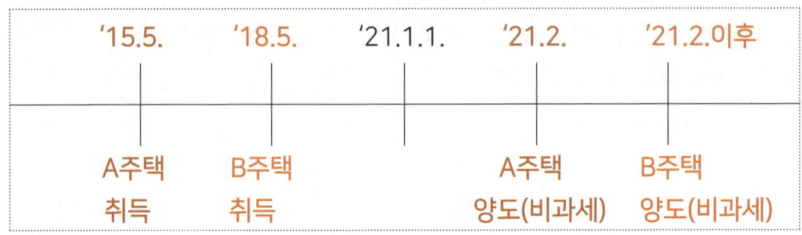

[해설] 일시적 2주택자 신규주택 보유기간 → B주택 취득일부터 기산
A주택 : 2015.05. 취득
B주택 : 2018.05. 취득
A주택 : 2021.02. 양도 → 비과세 (B주택 취득일부터 3년내 A주택 양도)
B주택 : 2021.02. 이후 1세대 1주택 → B주택 취득시기 : 2018. 05

2021.1.1. 현재 2주택 이상인 1세대가 나중에 취득한 신규주택을 양도(과세)하고 1주택에 된 경우 보유기간 및 거주기간은 1주택이 된 날로부터 기산함

[해설] A주택 양도시 취득일 → B주택(과세) 양도일부터 보유기간 기산
- 21.1. 이후 2년이 경과하여야 A주택은 1주택 비과세가 가능함

1주택을 보유한 세대가 대체주택을 조정대상지역 지정전 계약한 후 조정대상지역으로 지정된 경우

1) 일시적 2주택 종전주택 처분기한 → 대체 주택 취득 이후 3년내
2) 대체주택을 나중에 양도하는 경우 2년 이상 보유 및 **2년 이상 거주**를 하여야 1세대 1주택 비과세를 적용받을 수 있음

[2년 이상 거주] 향후 대체주택 양도시 대체주택에서 **2년 이상 거주하여야 1세대 1주택 비과세를 적용받을 수 있다.** (소득세법 시행령 제154조 제1항 제5호에서 조정지역지정 전 계약한 경우 계약금 지급일 현재 무주택세대에 한하여 거주기간의 제한을 받지 않는 것으로 규정하고 있음)

다주택자가 주택을 양도한(A,B,C → A과세 양도) 이후 남은 2주택(B,C)이 일시적 2주택 특례대상이 되는 경우 → 2주택 중 먼저 취득한 주택(B)의 취득시기 기산일

1) 2021.1.1. 현재 일시적 2주택 요건 충족 → 종전주택 취득일
2) 2021.1.1. 이후 1주택을 처분함으로서 일시적 2주택이 된 경우 → 1주택을 처분한 날 [서면질의 회신일(2021.11.2.) 이후 적용]
3) 2021.1.1. 이후 3주택이 된 후 1주택을 처분하여 일시적 2주택이 된 경우 → 1주택을 처분한 날

[사례] 3주택인 세대가 1주택을 처분한 후 남은 2주택 비과세 적용 방법

```
'18.4.    '18.6.     '20.5.    '21.1.1.   '21.3.     '23.4.
---▲---------▲----------▲---------- ‖ ---------▲----------▲---------
A취득    B취득     C취득              A양도(과세)  B양도(비과세)
```

1) A주택 양도 → 3주택자로 과세 양도
2) B주택 양도시 일시적 2주택 특례 요건 → B주택 취득 기산일('21.3.)부터 2년 이상 경과한 '23.3. 이후, C주택 취득일로부터 3년 이내인 '23.5. 기간 중 양도(B주택 및 C주택이 모두 조정대상지역이 아닌 경우)

■ 양도, 기획재정부 재산세제과-953 [] , 2021.11.02.

[제 목] 일시적 2주택자의 비과세 보유기간 기산일
[요 지]
(질의1) 3주택을 보유 중인 1세대가 1채를 양도(과세)하여 남은 일시적 2주택 중 종전주택을 양도하는 경우 해당 주택의 비과세 보유기간 기산일 판정방법은 붙임 사례별 해석례를 참고바람
(질의2) '21.1.1. 현재 일시적 2주택인 1세대가 종전주택을 양도하는 경우 보유기간 기산일은 해당 종전주택의 취득일로 하는 것임
[회 신] 【붙임】 사례1·2·3

[질의1] 3주택(A·B·C) 보유 중인 1세대가 1채(A)를 양도(과세) 후 남은 2채(B·C) 중 먼저 취득한 주택(B)을 양도하는 경우로서「소득세법 시행령」제155조제1항에 따른 일시적 2주택에 해당하는 경우 양도하는 B주택의 「소득세법 시행령」제154제1항에 따른 보유기간 기산일

[회신1] **사례1은 제1안이 타당하고, 사례 2, 3은 각각 제2안이 타당합**니다. 다만, **사례2**에 대한 해당 회신 내용은 먼저 취득한 주택(3주택을 보유중인 1세대가 1채를 양도 후 남은 2채 중 먼저 취득한 주택을 말함)**을 해당 회신일 이후로 양도하는 분부터 적용**됩니다.

[질의2] '21.1.1. 전에 2주택 이상을 보유한 1세대가 1주택 외의 주택을 모두 양도(마지막으로 양도한 주택을 '과세'로 신고)한 후 신규주택을 취득하여, '21.1.1. 현재 일시적 2주택이 되어 종전주택을 양도하는 경우 보유기간 기산일
(제1안) 직전 주택의 양도일 (제2안) 해당 주택의 취득일

[회신2] 제2안이 타당합니다.

<사례1>

「C주택 취득일」 및 「A주택 양도일」이 모두 '20.12.31. 이전인 경우 B주택의 보유기간 기산일?

(제1안) B주택 취득일('15.4.1.)

(제2안) A주택 양도일('20.12.1.)

'10.4.1.　'15.4.1.　'20.10.1.　'20.12.1.　'21.1.1.　'21.4.1.
-- ▲ -------- ▲ ---------- ▲ ---------- ▲ --------- ‖ --------- ▲ ----
A취득　　B취득　　C취득　　A양도(과세)　　　B양도

<사례2>

「C주택 취득일」은 '20.12.31. 이전, 「A주택 양도일」은 '21.1.1. 이후인 경우 B주택의 보유기간 기산일?

(제1안) B주택 취득일('15.4.1.)

(제2안) A주택 양도일('21.3.1.)

'10.4.1.　'15.4.1.　'20.10.1.　'21.1.1.　'21.3.1.　'21.4.1.
--- ▲ ---------- ▲ ------------ ▲ ------------ ‖ ------------ ▲ ----------- ▲ --
A취득　　B취득　　C취득　　　　A양도(과세)　B양도

<사례3>

「C주택 취득일」 및 「A주택 양도일」이 모두 '21.1.1. 이후인 경우 B주택의 보유기간 기산일?

(제1안) B주택 취득일('15.4.1.)

(제2안) A주택 양도일('21.3.1.)

'10.4.1.　'15.4.1.　'21.1.1.　'21.2.1.　'21.3.1.　'21.4.1.
--- ▲ ----------- ▲ ---------- ‖ ----------- ▲ ----------- ▲ ------------ ▲ ---
A취득　　B취득　　　　C취득　　A양도(과세)　B양도

조정대상지역 일시적 2주택 비과세 특례

조정대상지역 일시적 2주택 요건(전부 충족)

1) 종전의 주택을 취득한 날부터 **1년 이상**이 지난 후 신규 주택을 취득하고, 양도일 현재 종전주택과 신규주택 각각 1채만 보유하여야 함
2) 종전주택의 보유기간이 2년 이상일 것 단, 취득 당시 조정지역에 있는 종전주택은 보유기간 중 거주기간이 2년 이상일 것
3) 종전 주택이 **조정대상지역에 있는 상태에서 조정대상지역에 있는 신규 주택을 취득**하는 경우에는 신규주택의 취득일부터 **1년 이내**에 종전의 주택을 양도하여야 하고, 신규주택의 취득일로부터 **1년 이내**에 신규주택으로 **세대전원이 이사**하고 **전입신고**를 마쳐야 함

▶ 일시적 2주택 중복 보유기간(소득세법 시행령 제155조 ① 2)

종전주택	신규주택	중복기간	시행시기
조정대상지역	비조정대상지역	3년	
비조정대상지역	조정대상지역	3년	
비조정대상지역	비조정대상지역	3년	
조정대상지역	조정대상지역	2년	('18.09.14. 이후 취득)
조정대상지역	조정대상지역	1년	('19.12.17. 이후 취득)

▶ 조정대상지역 공고가 있은 날 이전에 신규주택을 취득한 경우
→ **종전주택 3년내 처분**

☐ 양도, 서면-2021-부동산-1761 [부동산납세과-418], 2021.03.23
종전주택이 비조정대상지역에 있는 상태에서 신규주택의 취득계약 체결일과 잔금청산일 사이에 종전주택 및 신규주택 소재지가 조정대상지역으로 새로 지정된 경우 일시적 2주택 특례대상의 종전주택 처분기한은 신규주택 취득일로부터 3년임

▶ 종전 주택 및 대체주택이 모두 조정지역에 소재한 경우

종전주택을 2년 이상 보유하고, 보유기간 중 2년 이상 거주한 후 대체주택을 취득하여야 하며, 대체주택 취득일로부터 1년이내에 종전주택을 양도하는 경우 일시적 2주택 비과세 특례를 받을 수 있다.

조정대상지역내 일시적 2주택 신규주택 전입신고 및 주민등록 → 취득일부터 1년 이내 세대전원 이사 및 주민등록

신규 주택의 취득일로부터 **1년 이내에** 그 주택으로 **세대전원**이 이사하고, 주민등록법에 의한 전입신고와 함께 **30일 이상 거주**하여야 일시적 1세대 1주택 비과세 특례가 적용된다. [소령 제155조 ① 2]

☐ 기획재정부 조세법령운용과-592, 2021.07.06.

소득세법 시행령 제155조 제1항 제2호 가목의 "주민등록법 제16조에 따라 전입신고를 마친 경우"란 주민등록법 제6조 및 제16조 등 동법상 관련 규정에 따른 전입신고를 의미하는 것으로, 이에 해당하는지 여부는 전입신고 당시 30일 이상 거주할 목적이 있었는지 여부 등을 종합적으로 고려하여 사실판단할 사항입니다.

조정대상지역의 중복 보유기간 단축(1년) 예외

1) 조정대상지역 공고일 이전에 신규주택을 매매계약 체결하고 계약금을 지급한 경우에는 종전규정 적용
2) 신규 주택의 취득일 현재 기존 임차인이 거주하고 있는 것이 임대차계약서 등 명백한 증명서류에 의해 확인되고 그 임대차기간이 끝나는 날이 신규 주택의 취득일부터 1년 후인 경우에는 전 소유자와 임차인간의 임대차계약 종료일까지로 하되, 신규 주택의 취득일부터 최대 2년을 한도로 하고, 신규 주택 취득일 이후 갱신한 임대차계약은 인정하지 않는다. [소령 제155조 ① 2]

기획재정부 【별첨】 세부 집행원칙 (일시적 2주택 중복 보유기간)

소득세법령에서는 주택과 분양권을 구분하여 규정하고 있으므로, 종전주택 유무에 따라 적용 방법이 달라짐에 유의

Case 1) 종전주택이 있는 상태 → 신규주택(분양권 포함) 계약

□ (적용 대상) 종전주택과 신규주택(분양권 포함)이 신규주택(분양권 포함)의 "계약일 and 취득일"에 모두 조정지역 내 위치
※ 종전주택과 신규주택(분양권 포함) 중 어느 하나라도 신규주택의 "계약일 또는 취득일"에 조정지역 내에 위치하지 아니한 경우 → 3년 적용

□ (적용 방법) "신규주택(분양권 포함) 계약일"을 기준으로 일시적 2주택 허용기간 판정

① '18.9.13. 이전 → 3년
② '18.9.14.~'19.12.16. 사이 → 2년
③ '19.12.17. 이후 → 1년

(Case 2) 종전주택이 없는 상태 → 신규주택(분양권 포함) 계약
▶ 분양권이 2개였던 경우도 이에 해당됨

[해설] 종전주택이 없는 상태
분양권을 보유한 상태에서 신규주택을 계약한 경우

□ (적용 대상) 종전주택이 "종전주택 취득일 and 신규주택 취득일"에 조정지역 내에 위치하고, 신규주택(분양권 포함)이 신규주택(분양권 포함)의 "계약일 and 취득일"에 조정지역 내 위치

※ 종전주택이 "종전주택 취득일 또는 신규주택 취득일"에 조정지역 내에 위치하지 않거나, 신규주택(분양권 포함)이 신규주택(분양권 포함)의 "계약일 또는 취득일"에 조정지역 내에 위치하지 아니한 경우 → 3년 적용

□ (적용 방법) "종전주택 취득시점"을 기준으로 일시적 2주택 허용기간 판정
※ 분양권이 2개였던 경우 둘 중 하나가 먼저 주택이 되는 시점을 의미

① '18.9.13. 이전 → 3년
② '18.9.14.~'19.12.16. 사이 → 2년
③ '19.12.17. 이후 → 1년

일시적 2주택 요건을 충족하나 양도가액이 12억원을 초과하는 경우 → 12억원 초과분 중과세되지 않음

일시적 2주택으로서 1세대 1주택의 특례가 적용되어 비과세되는 주택 중 양도가액이 12억원을 초과하는 고가주택의 경우 12억원 초과분은 양도소득세가 과세되나 장기보유특별공제를 받을 수 있고, 조정대상지역의 주택인 경우에도 2021.2.17. 이후 중과세되지 않는다.

일시적 2주택 비과세 → 홈택스 및 최소 2군데 이상 상담 및 확인

일시적 2주택 비과세는 여러 가지 경우의 수가 있고, 법리 해석 등의 문제가 있으므로 최종적인 판단은 관련 법령 및 예규(**예규는 변경될 수 있으므로 주의를 요함**) 등을 검토하여야 한다. 또한 사실 판단의 오류 등으로 인하여 중대한 세무적 문제가 발생할 수 있으므로 홈택스 및 최소한 2군데 이상의 전문상담을 받아야 한다.

도서 관련 양도소득세 문의 → '문자' 주시면 전화드립니다.
핸드폰 010-2284-2410 경영정보사 (www.ruddud.co.kr)

기타 2주택임에도 비과세 특례가 적용되는 경우

취학, 전근 등 사유로 수도권 밖 소재 주택을 취득하여 두 채의 집을 갖게 된 경우

취학, 근무상의 형편, 질병의 요양, 그 밖에 부득이한 사유로 취득한 **수도권 밖에 소재하는 주택**과 그 밖의 주택(일반주택)을 국내에 각각 1개씩 소유하고 있는 1세대가 부득이한 사유가 해소된 날부터 3년 이내에 **일반주택**을 양도하는 경우에는 국내에 1개의 주택을 소유하고 있는 것으로 보아 1세대 1주택 비과세를 적용한다.
(소득세법 시행령 제155조 제8항)

▶ 부득이한 사유가 해소된 날부터 3년 이내
부득이한 사유가 해소된 날이라 함은 전근 이후 퇴사, 전직, 복귀 정년 퇴직 또는 취학 후 졸업 등의 사유가 발생한 날을 말한다.

◆ 부득이한 사유가 해소되지 않은 상태에서 일반주택을 양도하는 경우 해당 일반주택에 대하여 소득령 제155조 제8항이 적용됨
(양도 사전-2020-법령해석재산-08342020.10.26.) [예규 원문 확인]

■ 헷갈리는 근무상 형편, 취학등 사유 관련 비과세
1) [1세대 1주택 비과세] 근무상 형편, 취학 등으로 1년 이상 거주한 주택을 양도하는 경우 (대체주택을 취득하지 않는 경우) → 비과세
(소득세법 시행령 제154조 ① 3)
2) [1세대 1주택 특례] 비과세, 단, 종전주택은 일시적 2주택 요건 충족
(소득세법 시행령 제155조 ①)
3) [중과세 제외] 1세대의 구성원 중 일부가 근무상 형편, 취학 등 사유로 조정대상지역 소재 주택(**3억원 이하**)을 취득한 후 해당 주택을 양도하는 경우 [소령 제167조의 10 ① 3] → 조정대상지역 2주택 참조

(선)이농주택 + (후)일반주택 → 일반주택 양도

이농인(농업, 어업에서 떠난 자)이 취득일후 5년이상 거주한 사실이 있는 **농어촌주택**[수도권 밖의 지역 중 읍지역(도시지역안의 지역 제외) 또는 면지역에 소재하는 주택]과 **일반주택**을 국내에 각각 1개씩 소유하고 있는 1세대가 비과세 요건을 충족하는 일반주택을 양도하는 경우 1세대 1주택 비과세를 적용한다. [소득령 제155조 ⑦, ⑨]

(선)일반주택 + (후)귀농주택 → 일반주택 양도

1주택(일반주택)을 소유한 1세대가 귀농주택을 취득하여 1세대 2주택이 된 이후에 귀농주택을 취득한 날로부터 **5년 이내**에 비과세 요건을 갖춘 일반주택을 양도하는 경우 양도소득세가 과세되지 않는다. [소득령 제155조 ⑦, ⑩]

(선)일반주택 + (후)농어촌주택 → 일반주택 양도

1세대가 2003년 8월 1일(고향주택은 2009년 1월 1일)부터 2022년 12월 31일까지 기간 중에 농어촌주택 등을 취득하여 **3년 이상** 보유하고 그 농어촌주택 등을 **취득하기 전**에 보유하던 다른 주택(일반주택)을 양도하는 경우 그 농어촌주택등을 해당 1세대의 소유주택이 아닌 것으로 보아 소득세법 제89조제1항제3호(비과세 양도소득)를 적용한다. [조세특례제한법 제99조의4]

기타 두 채의 주택을 갖게 된 경우 비과세 특례

1) 60세 이상 직계존속을 모시기 위하여 세대를 합쳐 두 채의 집을 갖게 된 후 10년 이내 먼저 양도하는 주택 [소득령 제155조 ④]
2) 결혼으로 두 채의 집을 갖게 된 후 5년 이내 먼저 양도하는 주택
3) 조세특례제한법의 양도소득세 감면주택은 거주자의 소유주택으로 보지 아니하므로 감면주택을 제외한 1주택이 비과세요건을 충족하는 경우 비과세 적용을 받을 수 있다. [조특법 제98조의2 ~ 99조의2]

상속주택과 일반주택을 보유한 경우 과세특례 등

일반주택 양도 → 1세대 1주택 요건 충족시 비과세

상속개시 당시 별도세대인 피상속인으로부터 상속받은 주택과 **일반주택(상속개시 당시 보유한 주택만 해당함)**을 국내에 각각 1개씩 소유하고 있는 1세대가 **일반주택을 양도하는 경우** 국내에 1개의 주택을 소유하고 있는 것으로 보아 보유기간이 2년 이상(조정대상지역의 경우 2년 거주)이면 비과세 적용을 받을 수 있다. [소득령 제155조 ②] 단, 양도가액이 12억원을 초과하는 금액에 대하여는 양도소득세가 과세되나 중과세는 되지 않는다.

▶ 피상속인의 주택이 2채 이상인 경우 특례대상 상속주택

피상속인이 상속개시 당시 2 이상의 주택을 소유한 경우에는 피상속인이 소유한 기간이 가장 긴 주택만 상속주택 특례가 적용된다.

[개정 세법] 사전 증여주택에 대한 비과세 특례 적용 배제
(소득세법 시행령 제155조 제2항, 제156조의2 제6항·제7항)
상속개시일부터 소급하여 2년 이내에 피상속인으로부터 증여받은 주택은
'일반주택'으로 보지 않고 비과세 배제
<적용시기> 2018.2.13. 이후 증여받은 분부터 적용

비과세되는 일반주택 양도시 중과세 적용 배제

[1] 5년내 상속주택과 일반주택을 보유한 1세대가 비과세요건을 충족하는 조정지역내 일반주택을 먼저 양도하는 경우 → 중과세(×)

[2] '21.2.17. 이후 5년 경과된 상속주택과 일반주택을 보유한 1세대가 비과세 요건을 충족하는 일반주택 양도시 중과세 제외

[개정 세법] 조정대상지역 3주택자 중과세율 적용제외 주택 추가
(소득세법 시행령 제167조의3 ① 13) 상속주택과 일반주택을 소유하고 있는 1세대가 대체주택을 취득한 후 일반주택 양도시 1세대 1주택 비과세 특례(소령 제155조)에 해당하는 경우
<적용시기> 2021.2.17. 이후 양도분부터 적용

상속받은 주택이 공동명의인 경우 → 상속지분이 가장 큰 자의 주택에 해당함

공동상속주택과 일반주택을 보유한 자의 경우 1세대 1주택 특례 규정을 적용함에 있어서 공동상속주택외의 다른 주택을 양도하는 때에는 상속지분이 가장 큰 자를 제외한 **소수지분자는 당해 공동상속주택을 당해 거주자의 주택으로 보지 아니한다.** 단, 상속지분이 가장 큰 자가 2인 이상인 경우에는 그 2인 이상의 자 중 다음 각 호의 순서에 따라 당해 각 호에 해당하는 자가 당해 공동상속주택을 소유한 것으로 본다. [소득령 제155조 ⑨]

1. 당해 주택에 거주하는 자
2. 최연장자

피상속인이 5년이상 거주한 수도권 밖의 읍면지역에 소재한 농어촌주택을 상속받은 이후 취득한 일반주택을 양도하는 경우 1세대 1주택 비과세 특례

상속받은 주택이 수도권 밖의 지역 중 읍지역(도시지역안의 지역은 제외) 또는 면지역에 소재하는 농어촌주택으로서 피상속인이 취득 후 **5년 이상 거주한 농어촌주택을 상속받은 이후에 일반주택을 취득하고** 양도하는 경우 1세대 1주택 비과세 특례를 적용받을 수 있다.
(소득세법 시행령 제155조 ⑦)

상속주택과 일시적 2주택 비과세 특례

상속받은 주택과 상속개시 당시 그 밖의 주택(일반주택)을 보유하고 있는 1세대가 일반주택을 취득한 날부터 1년 이상이 지난 후 다른 주택을 취득하고 취득한 날부터 3년 이내[1년(조정 → 조정)]에 비과세요건을 충족하는 일반주택을 양도하는 때에는 1세대 1주택 특례 규정을 적용한다. → 일시적 2주택 참조

동일세대원으로부터 상속받은 주택 → 상속주택 또는 일반주택 양도시 2주택자로서 과세됨

동일세대원으로부터 상속받은 주택은 상속받은 주택으로 볼 수 없어 비과세특례 규정이 적용되지 않는다. 단, 동거봉양하기 위하여 세대를 합침에 따라 2주택을 보유하게 된 경우 일반주택은 1세대 1주택의 특례로 비과세된다. (양도, 서면-2015-부동산-0803 , 2015.6.22.)

상속주택과 일반주택 중 상속받은 주택을 먼저 양도하는 경우 → 양도소득세가 과세됨

일반주택을 보유한 상태에서 상속받은 주택을 먼저 양도하는 경우에는 1세대 2주택자에 해당되어 양도소득세가 과세된다.

▶ 조정지역 소재 상속, 일반주택 양도시 비과세(요건충족), 과세, 중과세

구 분		상속주택 먼저 양도	일반주택 먼저 양도
2주택	5년 이내	과세, 중과세(×)	비과세, 중과세(×)
	5년 경과	과세, 중과세(○)	비과세, 중과세(×)
3주택 이상	5년 이내	과세, 중과세(×)	과세, 중과세(○)
	5년 경과	과세, 중과세(○)	과세, 중과세(○)

▶ 상속주택 양도 → 5년이내 상속주택 중과세 제외 [제167조의3 ① 7]
▶ 3주택 이상 세대의 일반주택 양도 중과세(×) → 1) 5년이내 상속주택 및 장기임대주택외 1주택만을 보유한 세대가 해당 주택을 양도하는 경우 2) 상속주택 + 일시적 2주택(소득세법 시행령 제167조의3 ① 10, 13)

SECTION 04

조정대상지역 지정 양도소득세 중과세 등

2017. 8.3. 이후 주택시장 안정화 정책 방안으로 양도소득세 분야에 중요한 세법 개정이 있었으며, 그 주요 내용은 국내에 2채 이상의 주택을 보유하고 있는 1세대가 조정대상지역내의 주택을 양도하는 경우 양도소득세가 중과되고, 장기보유특별공제가 배제되며, 조정대상지역내 주택의 1세대 1주택 비과세 적용시 2년 거주요건을 추가하였다.

조정대상지역 지정

조정대상지역 지정

「주택법」 제63조의2 규정에 의하여 조정대상지역을 지정하여 해당 지역내에서 주택 양도시 양도소득세 세율 인상, 장기보유특별공제 배제, 1세대 1주택 비과세 요건을 강화하는 등의 조치를 하였다.

구 분	조정대상지역	투기과열지구	투기지역
법 령	주택법 제63조의2	주택법 제63조	소득세법 제104조의2

◼ **조정대상지역 지정 및 해제, 재지정 과정**

[2017.09.06.] 조정대상지역 지정

서울특별시	전 역 (25개구)
경기도	과천시, 광명시, 성남시, 고양시, 남양주시, 하남시, 화성시(반송동 · 석우동, 동탄면 금곡리 · 목리 · 방교리 · 산척리 · 송리 · 신리 · 영천리 · 오산리 · 장지리 · 중리 · 청계리 일원에 지정된 택지개발지구에 한함)
부산광역시	해운대구 · 연제구 · 동래구 · 남구 · 부산진구·수영구· 기장군
세종특별자치시	「신행정수도 후속대책을 위한 연기 · 공주지역 행정중심복합도시 건설을 위한 특별법」 제2조제2호에 따른 예정지역

[2018.08.28.] 조정대상지역 지정
[경기도] 구리시, 안양시 동안구, 광교택지개발지구(수원시 영통구 이의동·원천동·하동·매탄동, 팔달구 우만동, 장안구 연무동, 용인시 수지구 상현동, 기흥구 영덕동 일원)

[2018.08.28.] <조정대상지역 지정 해제>
[부산광역시] 기장군(일광면 제외)

[2018.12.31.] 조정대상지역 지정
[경기도] 수원시 팔달구, 용인시 수지구 · 기흥구

[2018.12.31.] <조정대상지역 지정 해제>
부산광역시 부산진구, 남구, 연제구, 기장군(일광면)

[2019.11.08.] <조정대상지역 지정 해제>
[경기도] 고양시(삼송택지개발지구, 원흥·지축·향동 공공주택지구, 덕은·킨텍스(고양국제전시장)1단계·고양관광문화단지(한류월드) 도시개발구역 제외), 남양주시(다산동·별내동 제외),
[부산광역시] 해운대구, 수영구, 동래구

[2020.02. 21. 이후] 조정대상지역 추가 지정
[경기도] 수원영통·권선·장안, 안양만안, 의왕

[2020.06. 19. 이후] 조정대상지역 추가 지정
[경기도] 고양시, 남양주시(화도읍, 수동면 및 조안면 제외), 화성시, 군포시, 안성시(일죽면, 죽산면 죽산리·용설리·장계리·매산리·장릉리·장원리·두현리 및 삼죽면 용월리·덕산리·율곡리·내장리·배태리 제외), 부천시, 안산시, 시흥시, 용인시 처인구(포곡읍, 모현면, 백암면, 양지면 및 원삼면 가재월리·사암리·미평리·좌항리·맹리·두창리 제외), 오산시, 평택시, 광주시(초월읍, 곤지암읍, 도척면, 퇴촌면, 남종면 및 남한산성면 제외), 양주시, 의정부시,
[인천광역시] 중구, 동구, 미추홀구, 연수구, 남동구, 부평구, 계양구, 서구
[대전광역시] 동구, 중구, 서구, 유성구, 대덕구,
[충청북도] 청주시(낭성면, 미원면, 가덕면, 남일면, 문의면, 남이면, 현도면, 강내면, 옥산면, 내수읍 및 북이면 제외)

[2020.11. 20.] 조정대상지역 추가 지정
[경기도] 김포시(통진읍, 대곶면, 월곶면, 하성면 제외)
[부산광역시] 해운대구, 동래구, 수영구, 연제구, 남구,
[대구광역시] 수성구

[2020.12 18.] 조정대상지역 추가 지정

구분	조정대상지역	제외지역	비고
부산	서·동·영도·부산진·금정·북·강서·사상·사하구	-	기장군, 중구 제외 전 지역 지정
대구	중·동·서·남·북·달서구, 달성군 다사·화원읍	달성군 가창면·구지면·하빈면·논공읍·옥포읍·유가읍·현풍읍	달성군 일부 지역 제외 전 지역 지정
광주	동·서·남·북·광산구	-	전 지역 지정
울산	중, 남구	-	동구, 북구, 울주군 제외 전 지역 지정
경기	주 동지역	읍면지역	
충남	천안동남 동지역	읍면지역	
	천안서북 동지역	읍면지역	
전북	전주완산, 전주덕진	-	
경남	창원 성산	-	
경북	포항남 동지역	읍면지역	
	경산 동지역	읍면지역	
충남	논산 동지역	읍면지역	
	공주 동지역	읍면지역	
전남	여수 동지역 + 소라면	잔여 읍면지역	
	순천 동지역 + 해룡·서면	잔여 읍면지역	
	광양 동지역 + 광양읍	잔여 읍면지역	

[2021.08.30.] 조정대상지역 추가 지정
경기도 동두천시(광암동, 걸산동, 안흥동, 상봉암동, 하봉암동, 탑동동 제외)

[2020.12 18.] 투기과열지구 지정
창원의창 동지역, 북면, 동읍 (잔여 읍면지역 제외)

[2021.08.30.] <투기과열지구 지정 해제>
의창구 동읍, 북면 제외(다만, 북면 감계리 일원 감계지구, 무동리 일원 무동지구는 투기과열지구 지정을 유지)

▶ 조정대상지역, 투기과열지구 지정 현황('21.08.30 기준)

	투기과열지구(49개)	조정대상지역(111개)
서울	전 지역 ('17.8.3)	전 지역 ('16.11.3)
경기	과천('17.8.3), 성남분당('17.9.6), **광명, 하남**('18.8.28), 수원, 성남수정, 안양, 안산단원, **구리, 군포, 의왕, 용인수지·기흥, 동탄2[주1]**('20.6.19)	과천, 성남, 하남, **동탄2**('16.11.3), 광명('17.6.19), 구리, 안양동안, 광교지구('18.8.28), 수원팔달, **용인수지·기흥**('18.12.31), 수원영통·권선·장안, 안양만안, 의왕 ('20.2.21) 고양, 남양주[주2], 화성, **군포**, 부천, 안산, 시흥, 용인처인[주3], 오산, 안성[주4], 평택, 광주[주5], 양주[주6], 의정부('20.6.19), 김포[주7]('20.11.20), 파주주[8]('20.12.18) **경기도 동두천시(광암동, 걸산동, 안흥동, 상봉암동, 하봉암동, 탑동동 제외)**('21.08.30)
인천	연수, 남동, 서 ('20.6.19)	중[주9], 동, 미추홀, **연수, 남동**, 부평, 계양, 서('20.6.19)
부산	-	해운대, 수영, 동래, 남, 연제 ('20.11.20) 서구, 동구, 영도구, 부산진구, 금정구, 북구, 강서구, 사상구, 사하구 ('20.12.18)
대구	수성('17.9.6)	수성('20.11.20) 중구, 동구, 서구, 남구, 북구, 달서구 달성군[주10]('20.12.18)
광주	-	동구, 서구, 남구, 북구, 광산구('20.12.18)
대전	동, 중, 서, 유성('20.6.19)	**동, 중, 서, 유성**, 대덕('20.6.19)
울산	-	중구, 남구('20.12.18)
세종	세종('17.8.3)	세종[주11]('16.11.3)
충북	-	청주[주12]('20.6.19)
충남	-	안동남[주13]·서북[주14], 논산[주15], 공주[주16]('20.12.18)
전북	-	전주완산·덕진('20.12.18)
전남	-	여수[주17], 순천[주18], 광양[주19] ('20.12.18)
경북	-	포항남[주20], **경산[주21]**('20.12.18)
경남	창원의창주[22]('20.12.18)	창원성산('20.12.18)

[주1] 화성시 반송동·석우동, 동탄면 금곡리·목리·방교리·산척리·송리·신리·영천리·오산리·장지리·중리·청계리 일원에 지정된 동탄2택지개발지구에 한함
[주2] 화도읍, 수동면 및 조안면 제외
[주3] 포곡읍, 모현읍, 백암면, 양지면 및 원삼면 가재월리·사암리·미평리·좌항리·맹리·두창리 제외
[주4] 일죽면, 죽산면, 삼죽면, 미양면, 대덕면, 양성면, 고삼면, 보개면, 서운면 및 금광면 제외
[주5] 초월읍, 곤지암읍, 도척면, 퇴촌면, 남종면 및 남한산성면 제외
[주6] 백석읍, 남면, 광적면 및 은현면 제외
[주7] 통진읍, 대곶면, 월곶면 및 하성면 제외
[주8] 문산읍, 파주읍, 법원읍, 조리읍, 월롱면, 탄현면, 광탄면, 파평면, 적성면, 군내면, 장단면, 진동면 및 진서면 제외
[주9] 을왕동, 남북동, 덕교동 및 무의동 제외
[주10] **가창면, 구지면, 하빈면, 논공읍, 옥포읍, 유가읍 및 현풍읍 제외**
[주11] 건설교통부고시 제2006-418호에 따라 지정된 행정중심복합도시 건설 예정지역으로, 「신행정수도 후속대책을 위한 연기·공주지역 행정중심복합도시 건설을 위한 특별법」제15조제1호에 따라 해제된 지역을 포함
[주12] 낭성면, 미원면, 가덕면, 남일면, 문의면, 남이면, 현도면, 강내면, 옥산면, 내수읍 및 북이면 제외
[주13] 목천읍, 풍세면, 광덕면, 북면, 성남면, 수신면, 병천면 및 동면 제외
[주14] 성환읍, 성거읍, 직산읍 및 입장면 제외
[주15] 강경읍, 연무읍, 성동면, 광석면, 노성면, 상월면, 부적면, 연산면, 벌곡면, 양촌면, 가야곡면, 은진면 및 채운면 제외
[주16] 유구읍, 이인면, 탄천면, 계룡면, 반포면, 의당면, 정안면, 우성면, 사곡면 및 신풍면 제외
[주17] 돌산읍, 율촌면, 화양면, 남면, 화정면 및 삼산면 제외
[주18] 승주읍, 황전면, 월등면, 주암면, 송광면, 외서면, 낙안면, 별량면 및 상사면 제외
[주19] 봉강면, 옥룡면, 옥곡면, 진상면, 진월면 및 다압면 제외
[주20] 구룡포읍, 연일읍, 오천읍, 대송면, 동해면, 장기면 및 호미곶면 제외
[주21] 하양읍, 진량읍, 압량읍, 와촌면, 자인면, 용성면, 남산면 및 남천면 제외
[주22] 대산면 제외
(2021.8.30.) 의창구 동읍, 북면 제외(다만, 북면 감계리 일원 감계지구, 무동리 일원 무동지구는 투기과열지구 지정을 유지)

■ 조정대상지역 지정 및 해제 [국토해양부 홈페이지]
정책자료 → 법령정보 → 행정규칙(훈령·예규·고시) → 공고
(검색어) 조정대상지역

<주의> 공고가 누락되는 경우가 있으므로 법제처 홈페이지 참조
(법제처) 국가법령정보센터 → 행정규칙 → 현행 행정규칙 → (검색어) 조정대상지역

조정대상지역으로 지정이 되었으나 중과세되지 않는 경우

다음 [1] 및 [2]의 주택은 조정대상지역에 있더라도 양도시 중과세되지 않으며, 중과세대상 주택 판정시 주택수에서도 제외한다.

[1] 경기도 읍·면지역, 세종시 읍·면지역, 광역시 군지역으로 양도 당시 기준시가가 3억원 이하인 주택 → 중과세 제외, 주택수 제외

▶ 대구광역시 달성군 화원읍
2021.12.18. 조정대상지역으로 지정이 되었으나 광역시 군지역으로서 양도 당시 기준시가가 3억원 이하인 경우 중과세되지 않는다.

[2] 기타 지역(대도시 등 외의 지역)의 주택으로 양도 당시 기준시가가 3억원 이하인 주택 → 중과세 제외, 주택수 제외

예를 들어 2020. 12·17 대책으로 조정대상지역이 된 36개의 지역 중 **천안 동남·서북구, 논산, 공주, 전주 완산·덕진구, 창원 성산구, 포항 남구, 경산, 여수, 광양, 순천** 등 10여 개 지역은 **대도시가 아닌 지역**이므로 양도 당시 기준시가가 **3억원 이하인 주택**은 다주택자 양도세 중과세대상에서 제외되며, 주택수에도 포함하지 않는다.

♣ 아파트 기준시가 → 국토교통부의 부동산공시가격 알리미

조정대상지역 양도소득세 중과세

◰ 개요

1세대가 주택의 양도 당시 **2주택(중과세 판정시 주택수에 포함하는 주택)** 이상을 보유하고 있으면서 조정대상지역내 주택을 양도하는 경우 2주택자는 양도소득세의 **20%**가 중과세되고, 3주택 이상을 보유한 경우 양도소득세의 **30%**가 중과세된다. 한편, 중과세되는 주택은 소득세법 제95조 제2항의 장기보유특별공제를 받을 수 없다.

> ■ 중과세 요건 (1 + 2 + 3)
> 1. 양도 당시 조정대상지역에 소재한 주택으로 중과세대상 주택일 것
> 2. 양도 당시 중과세판정 주택수에 포함하는 주택이 2주택 이상일 것
> 3. (2주택자) 양도 당시 양도주택의 기준시가가 1억원을 초과할 것

◰ 중과세대상 여부 판정 요약

[1] 주택 양도 당시 1세대가 보유한 전국 모든 주택 확인

■ 1세대에 포함하는 자 (상세 내용 → 1세대 1주택 참조)
1) 거주자 및 그 배우자
2) 직계비속(자녀, 손자녀) : 30세 미만인 경우 주민등록을 달리 하더라도 1세대에 포함함. 단, 별도로 거주하며, 독립적인 생계를 유지하는 30세 미만 자녀 및 별도로 거주하는 30세 이상 자녀는 제외함
3) 동일한 주소에서 생계를 같이 하는 직계존속 및 형제·자매

■ 주택 (상세 내용 → 1세대 1주택 참조)
본인 및 1세대에 포함하는 자가 보유한 주택(장기임대주택 포함), 지분소유 주택, 주거용 오피스텔, 조합원입주권, 분양권, 상속받은 주택 등

[2] 주택 중 중과세대상 판정시 주택수에 포함하는 주택 확인(지역 및 주택 기준시가 기준)

■ 중과세대상 및 주택수 포함 여부 요약표

지역＼기준시가	양도 당시 3억원 초과				양도 당시 3억원 이하			
	조정		비조정		조정		비조정	
	주택수	중과세	주택수	중과세	주택수	중과세	주택수	중과세
서울특별시	O	O			O	O		
경기도	O	O	O	×	O	O	O	×
경기도 읍·면지역	O	O	O	×	×	×	×	×
인천광역시	O	O			O	O		
광역시	O	O	O	×	O	O	O	×
광역시 군지역	O	O	O	×	×	×	×	×
세종시	O	O			O	O		
세종시 읍·면지역	O	O	O	×	×	×	×	×
기타지역	O	O	O	×	×	×	×	×

★ <주의> 중과세대상 판정시 대도시가 아닌 지역의 주택은 조정대상지역과는 관계없이 양도 당시 기준시가(3억원 초과)를 기준으로 한다.

■ 중과세대상 판정시 주택수에 포함하여야 하는 주택
1) 양도 당시 보유 주택의 기준시가와 관계없이 주택수에 포함하여야 하는 주택
서울특별시, 인천광역시, 부산광역시, 대구광역시, 광주광역시, 대전광역시, 울산광역시, 세종특별자치시 소재 주택

2) 양도 당시 보유한 주택의 기준시가가 3억원을 초과하는 경우에 한하여 주택수에 포함하는 주택
1. 경기도 및 세종특별자치시 읍면지역 및 광역시 군지역
2. 기타지역에 소재하는 주택

[3] 중과세대상에 해당하지 않는 주택 파악 → 다음 주택(해당 장 참조) 양도시 중과세되지 않음

① 1세대 2주택 세대의 중과세 제외주택 [① + ②]
- 전근등으로 다른 시·군에 주택을 새로 취득(기준시가 3억원 이하)한 이후 해당 주택 양도(1년 이상 거주, 사유 해소일부터 3년내 양도)
- 상속주택과 일반주택 중 일반주택(2년 이상 보유)을 양도하는 경우
- 동거 봉양 합가 주택(세대 합가일로부터 10년 이내 주택)
- 혼인 합가 주택(혼인한 날로부터 5년 이내 주택)
- 양도 당시 기준시가 1억원 이하 주택

② 1세대 3주택 이상 세대의 중과세 제외주택
- 장기임대주택 → 조정대상지역의 경우 '18.9.14. 이후 취득분 중과세
- 5년 이내 상속받은 주택
- 5년내 상속주택 및 장기임대주택외 1채의 주택만 보유하고 있는 경우

■ 조정대상지역 소재 주택 양도시 중과세 여부 결정 및 양도소득세 신고·납부

1) 중과세 신고·납부
조정대상지역에 소재한 해당 주택 양도시 **중과세대상 판정 주택수(전국 모든 주택)**가 2채인 경우 양도소득세 세율에 20%를 더하여 납부하여야 하며, 3채 이상이면, 양도소득세 세율에 30%를 더하여 납부하여야 한다.

2) 일반과세 신고·납부
중과세대상 주택이 아닌 경우 일반과세로 양도소득세를 계산하여 신고 및 납부하면 된다.

1세대 2주택 판단 기준 및 중과세 제외

중과세 판정대상 주택수에 포함하는 주택

주택수에 포함하는 주택(수도권 및 광역시, 세종시)
수도권(서울특별시, 경기도, 인천광역시)·광역시·세종시에 소재하는 주택의 경우 주택 가액에 관계없이 주택수에 포함하여야 한다.

주택수에 포함하는 주택(기타 지역)
기타 지역(대도시 외)의 주택 및 이에 부수되는 토지로서 **양도 당시 기준시가 3억원**을 초과하는 주택, 장기임대주택 및 종전주택가격이 3억원을 초과하는 조합원입주권, 분양권(2021.1.1.이후 취득분으로 분양가액이 3억원을 초과하는 경우)

▶ 인천광역시, 경기도, 세종시에 소속된 읍·면지역 및 광역시의 군지역 주택의 주택수 및 해당 지역이 조정대상지역인 경우 중과세
1. 양도 당시 기준시가 3억원 이하 → 주택수 제외, 중과세 제외
2. 양도 당시 기준시가 3억원 초과 → 주택수 포함, 중과세(조정지역)

주택의 범위

[1] 주택 등
- 주택, 아파트, 도시형 생활주택, 주거용 오피스텔, 장기임대주택
- 조합원입주권, 분양권(2021.1.1.이후 취득분)
- 다가구주택, 상가겸용주택, 부동산매매사업자의 재고주택

[2] 공동지분 주택 → 공유자 각인이 1주택을 소유한 것으로 봄
1주택을 여러 사람이 공동으로 소유한 경우 공동 소유자 각자가 그 주택을 소유한 것으로 본다. (소득세법 시행령 제154조의2)

[3] 상속주택 → 지분이 가장 큰 상속인의 주택
상속주택은 지분이 가장 큰 상속인의 주택으로 하되, 지분이 동일한 상속주택은 상속 주택에 거주하는 자의 주택으로 한다.

◼ 중과세판정 주택수 제외 및 중과세 제외 주택

경기도 및 세종시의 읍·면지역, 광역시 소속 군지역에 소재하는 주택으로 **양도 당시 기준시가가 3억원 이하인 경우**에는 **주택수에서 제외하며, 해당 주택 양도시 중과세되지 않는다.**

▢ 양도, 서면인터넷방문상담4팀-321 , 2006.02.17.
수도권 및 광역시에 소속된 군 및 법정 읍면지역에 소재하는 주택으로써 주택 및 부수토지의 기준시가의 합이 양도당시 3억원을 초과하지 아니하는 경우 주택 수에 산입하지 아니함

▶ 조정대상지역내 2주택자이나 주택수에 포함하지 않는 3억원 이하 주택(대도시 및 광역시 외 주택 등)이 있는 경우 중과세 배제
조정대상지역내의 주택 및 다른 조정대상지역의 주택이 있는 경우로서 다른 조정대상지역의 주택이 주택수에 포함되지 아니하는 주택(경기도 및 세종시의 읍·면지역과 광역시의 군지역, 기타지역에 소재한 주택으로 양도당시 기준시가가 3억원 이하인 주택)만이 있는 거주자가 조정대상지역내의 주택을 양도하는 경우 중과세가 적용되지 아니한다.

🅠 1세대 2주택 중과세 제외 주택(주택수 포함)

다음의 주택은 주택수에는 포함하되, 해당 주택의 양도시 조정대상지역의 주택인 경우라도 중과세되지는 않는다.
[소득세법 시행령 제167조의10 ① 2~14]

단, 1세대 1주택 특례[소득령 제155조]에 해당하여 비과세되더라도 양도가액이 12억원을 초과하는 경우 12억원 초과분은 양도소득세 과세대상이 되나 중과세 제외 주택의 경우에는 12억원 초과분도 중과세되지는 않는다.

① 1세대 3주택에서 제외하는 주택 중 다음의 어느 하나에 해당하는 주택 (소득세법 시행령 제167조의10 ① 2, 제167조의3 제1항 제2호부터 제8호까지 및 제8호의2)

1. (1세대 2주택 중과세 제외 및 **주택수 제외**) 경기도, 광역시, 세종시가 아닌 지역 또는 경기도, 세종시의 읍·면지역, 광역시의 군지역 소재 주택으로서 양도당시 기준시가가 3억원 이하인 주택
2. 장기임대주택 → (조정대상지역) '18.9.14. 이후 취득 중과세
3. 양도소득세가 감면되는 임대주택으로서 5년 이상 임대한 국민주택
4. 종업원에게 무상으로 제공하는 10년 이상인 장기사원용주택
5. 양도소득세가 감면되는 주택
6. 문화재 주택
7. 5년 이내 상속받은 주택
8. 저당권 등의 실행 또는 채무변제등으로 취득한 주택으로서 3년이 경과하지 않은 주택
8의2 가정어린이 집으로 5년이상 사용한 주택

② 근무상 형편, 취학 등 사유로 다른 시·군(조정대상지역 포함) 소재 주택을 취득한 후 해당 주택을 양도하는 경우
[소득령 제167조의10 ① 3]
1세대의 구성원 중 일부가 취학, 근무상의 형편, 질병의 요양, 그 밖에 부득이한 사유로 인하여 다른 시(특별시·광역시·특별자치시 및 제주자치도 포함)·군으로 주거를 이전하기 위하여 **1주택**(취득 당시 기준시가의 합계액이 **3억원 이하**)을 취득함으로써 1세대 2주택이 된 경우의 해당 주택(취득 후 1년 이상 거주하고 해당 사유가 해소된 날부터 3년이내 양도)

[사례] 대구에서 수도권으로 전근하면서 주택을 취득한 경우
A주택(조정지역) : 2015.7. 대구 주택 취득
B주택(조정지역) : 2021.8. 서울 전근 → 서울 주택(3억원 이하) 취득
- 2023.1. 대구 지점으로 복귀
B주택(조정지역) : 2025.2. 서울 주택 양도(복귀한 날로부터 3년 이내 양도) → 2주택자로 양도소득세 과세, 단, 중과세는 되지 않음

③ 제155조 제8항에 따른 수도권 밖에 소재하는 주택(제4호)
일반주택 + 전근 등 수도권 밖 주택 취득 → 수도권 밖 주택 양도
과세(○), 중과세(×)

▶ 일반주택 + 전근 등 수도권 밖 주택 취득 → 일반주택 양도
비과세(○), 중과세(×)

□ 1세대 1주택 특례 [소득령 제155조 ⑧]
1주택(일반주택)을 보유한 세대가 근무상 형편 등으로 **수도권 밖의 주택**을 취득하고, 근무지 복귀 등 사유가 해소된 날로부터 3년내에 **일반주택**을 양도하는 경우 비과세

[개정 세법] 조정대상지역 3주택자 중과세율 적용제외 주택 추가
소득세법 시행령 제155조 등에 따라 1세대 1주택으로 보는 주택으로서 양도소득세 비과세 요건을 모두 충족하는 주택 [소득령 제167조의3]
<적용시기> 2021.2.17. 이후 양도분부터 적용

④ 혼인합가일로부터 5년 이내 양도하는 주택 [제167조의10 ① 6]
1주택을 소유하는 사람이 1주택을 소유하는 다른 사람과 혼인함으로써 1세대가 2주택을 소유하게 되는 경우의 해당 주택(혼인한 날부터 5년이 경과하지 아니한 경우에 한정한다)

⑤ 부모봉양합가일로부터 10년 이내 양도하는 주택 (제5호)
1주택을 소유하고 1세대를 구성하는 사람이 1주택을 소유하고 있는 60세 이상의 직계존속(배우자의 직계존속을 포함하며, 직계존속 중 어느 한 사람이 60세 미만인 경우를 포함한다)을 동거봉양하기 위하여 세대를 합침으로써 1세대가 2주택을 소유하게 되는 경우의 해당 주택(세대를 합친 날부터 10년이 경과하지 아니한 경우에 한정한다)

▣ 혼인 또는 부모봉양을 위하여 합가한 이후 양도주택 비과세, 중과세

구 분		12억원 이하	12억원 초과분	
혼인합가	5년 이내	비과세	과세	중과세(×)
	5년 경과	과세	과세	중과세(○)
부모봉양	10년 이내	비과세	과세	중과세(×)
	10년 경과	과세	과세	중과세(○)

▶ 비과세 → 1세대 1주택 비과세 요건을 충족하여야 함

⑥ 일시적 2주택이나 비과세요건을 충족하지 못하는 종전주택(제8호)
주택을 소유한 1세대가 대체주택을 취득하여 일시적으로 2주택을 소유한 이후 대체주택을 취득한 날부터 3년내에 종전주택을 양도하는 경우로서 1세대 1주택 특례 적용을 받을 수 없는 경우

[사례] 종전주택의 2년 보유기간, 조정대상지역의 2년 거주기간, 1년 경과후 대체주택 취득등 일시적 2주택 비과세 요건을 충족하지 못한 경우

⑦ 상속받은 주택(소득령 제155조 ②)과 일반주택을 각각 1개씩 소유하고 있는 1세대가 일반주택을 양도하는 경우로서 1세대 1주택 비과세 요건을 모두 충족하는 일반주택 (제13호)

▶ 상속받은 날로부터 5년 이내인 상속주택 + 1주택(일반주택)
일반주택 양도 → 비과세대상, 12억원 초과 과세(○), 중과세(×)

[개정 세법] 조정대상지역 2주택자 중과세율 적용제외 주택 추가
상속주택과 일반주택을 소유하고 있는 1세대가 일반주택을 양도하는 경우

▶ 상속받은 날로부터 5년이 경과된 상속주택 + 1주택(일반주택)
○ (종전) 일반주택 양도 → (비과세대상) 9억원 초과 중과세
○ (개정) 2021.2.17. 이후 일반주택 양도 → (비과세대상) 12억원 초과분에 대하여도 중과세되지 않음

⑧ 장기임대주택과 그 밖의 1주택(거주주택)을 소유하고 있는 1세대가 거주주택을 양도하는 경우로서 1세대 1주택 비과세 요건을 모두 충족하는 거주주택 (제14호) → 장기임대주택 참조

[개정 세법] 조정대상지역 2주택자 중과세율 적용제외 주택 추가
장기임대주택과 거주주택을 소유하고 있는 1세대가 거주주택을 양도하는 경우
○ (종전) 거주주택 양도 → (비과세대상) 9억원 초과 중과세
○ (개정) 2021.2.17. 이후 거주주택 양도 → (비과세대상) 9억원 (2021.12.8. 이후 12억원) 초과분에 대하여도 중과세되지 않음

⑨ 조정대상지역의 공고가 있은 날 이전에 해당 지역의 주택을 양도하기 위하여 매매계약을 체결하고 계약금을 지급받은 사실이 증빙서류에 의하여 확인되는 주택 (제11호)

⑩ 양도 당시 기준시가 1억원 이하 주택 (제9호)
주택의 양도 당시 기준시가가 1억원 이하인 주택. 다만, 정비구역으로 지정·고시된 지역 또는 사업시행구역에 소재하는 주택은 제외한다.

★ <주의> 1세대 3주택자의 기준시가 1억원 이하 주택 → 중과세됨

⑪ 주택의 소유권에 관한 소송이 진행 중이거나 해당 소송결과로 취득한 주택(확정판결일부터 3년이 경과하지 아니한 경우) (제7호)

⑫ 다음의 1) 및 2)의 주택 외에 1개의 주택만을 소유하는 경우 해당 주택 (제10호)

1) 1세대 3주택 중과세 제외주택 중 다음의 주택
1. 경기도, 광역시, 세종시가 아닌 지역 또는 경기도, 세종시의 읍·면지역, 광역시의 군지역 소재 주택으로서 양도당시 기준시가가 3억원 이하인 주택
2. 장기임대주택 → (조정대상지역) '18.9.14. 이후 취득 중과함
3. 양도소득세가 감면되는 임대주택으로서 5년 이상 임대한 국민주택
4. 종업원에게 무상으로 제공하는 10년 이상인 장기사원용주택
5. 양도소득세가 감면되는 주택
6. 문화재 주택
7. 5년 이내 상속받은 주택
8. 저당권 등의 실행 또는 채무변제등으로 취득한 주택으로서 3년이 경과하지 않은 주택
9. 가정어린이 집으로 5년이상 사용한 주택

2) 1세대 2주택 중과세 제외주택 중 다음의 주택
1. 근무상 형편, 취학 등 부득이한 사유로 취득한 주택
2. 동거 봉양 합가 주택(세대 합가일로부터 10년 이내 주택)
3. 혼인 합가 주택(혼인한 날로부터 5년 이내 주택)
4. 소송중인 주택 또는 소송결과로 취득한 주택

■ **2주택 이상자 장기일반민간임대주택 중과세제외 등**

▶ 장기일반민간임대주택 요건 (중과세 제외)

① 2018.9.13. 이전에 장기임대주택으로 등록한 주택
임대개시일 당시 주택의 기준시가가 6억원(비수도권 3억원 이하) 이하인 장기임대주택으로서 아래 요건을 충족하는 장기임대주택
1. 2018.9.13. 이전에 주택을 취득하여 장기일반민간임대주택등으로 등록하여 **8년 이상** 임대한 주택
2. 2018.3.31.까지 등록한 경우 **5년 이상** 임대한 주택으로 함

② 장기임대주택 [소득세법 시행령 제167조의3 ① 2 마]
민간매입임대주택 중 장기일반민간임대주택등으로 8년 이상[2020.8.18. 이후 임대등록한 주택 → **10년 이상**(2020.7.11. 이후 아파트 제외)] 임대하는 주택으로서 해당 주택 및 이에 부수되는 토지의 기준시가의 합계액이 해당 주택의 임대개시일 당시 6억원(수도권 밖의 지역인 경우에는 3억원)을 초과하지 않는 주택

▶ 아파트 장기임대주택 폐지 및 시행시기
- 소득세법 시행령 → 2020년 7월 11일 이후
- 민간임대주택법 → 2020년 8월 18일 이후

▶ 2021.3.16. 이후 '도시형 생활주택' 장기임대등록 가능
○ 민간임대주택에 관한 특별법 제2조 재5호 개정
5. "장기일반민간임대주택"이란 임대사업자가 공공지원민간임대주택이 아닌 주택을 10년 이상 임대할 목적으로 취득하여 임대하는 민간임대주택[아파트(「주택법」 제2조제20호의 도시형 생활주택이 아닌 것을 말한다)를 임대하는 민간매입임대주택은 제외한다]을 말한다.

▶ 조정대상지역내 임대주택으로 등록하여 중과세를 피할 수 있는 주택
● 2018.9.13. 이전에 취득한 주거용 오피스텔, 다가구주택, 다세대주택, 을 장기임대주택으로 시군구 등록 및 세무서에 사업자등록하는 주택
● 아파트는 2018.9.13. 이전에 취득한 경우라도 2020.7.11. 이후 임대주택으로 등록할 수 없음

📙 장기임대주택으로 등록하였으나 자동말소 또는 자진말소한 경우
1) 자진 말소시 중과세 배제 : 의무임대기간 1/2 이상 충족, 자진말소일로부터 1년 이내 양도시 (소득세법 시행령 제167조의3 ① 2 사)
2) 자동 말소시 중과세 배제 : 의무임대기간 준수, 양도시기는 자동말소 후 기한 없이 중과세 배제
3) 거주주택 비과세 → 임대주택 등록말소 후 5년내 거주주택 양도

📙 장기일반민간임대주택을 보유한 경우 중과세 여부 등
1) 1세대 2주택 또는 1세대 3주택 이상자가 일정한 요건을 충족하는 장기임대주택을 보유한 해당 장기임대주택은 중과세하지 않는다.
2) 장기일반민간임대주택 요건을 충족하는 주택외에 1주택만을 보유한 경우로서 1주택을 양도하는 경우 중과세대상에 해당하지 않는다.

(중과세 여부) 도서 내용 참고 후 → 홈택스 질의 및 전문 상담

▣ 장기임대주택 개정 세법 요약

▶ '18.9.14. 이후 1주택을 보유한 1세대가 조정대상지역내 주택을 신규 취득하여 장기임대주택으로 등록한 경우 종합부동산세가 합산 과세되며, 양도시 양도소득세가 중과세됨

▶ 장기일반민간임대주택등 감면 적용 시 주택가액 기준 신설
'18.9.14. 이후 취득하는 주택 → 조특법 §97의3 장기보유특별공제(8년 50%, 10년 70%) 및 조특법 §97의5 양도소득세 감면적용 시 **임대개시일 당시 기준시가 6억원(비수도권 3억원)** 이하의 주택가액 기준 신설

▶ 장기임대주택 보유 1세대의 거주주택 특례 평생 1회 제한
'19.2.12.이후 취득하는 주택부터 → 장기임대주택을 보유한 1세대의 거주주택 특례를 최초 거주주택에만 적용(평생 1회로 제한, 기존에 거주주택 비과세 특례를 받은 적이 있는 경우 '19.2.12. 이후 취득한 주택은 비과세 적용을 받을 수 없음)

▶ 주택임대사업자 임대료 5% 증액 제한 요건 추가
'19.2.12. 이후 → 주택임대사업자에 대한 1세대 1주택 거주요건 적용 배제, 거주주택 특례 및 임대주택 중과배제 적용 시 임대료(임대보증금) 증가율 5% 이하 요건 추가 ('20.2.11. 연 5% → 5%로 개정)

▶ 조정대상지역 내 1주택만을 보유한 세대가 해당 주택을 임대하는 경우에도 2년 이상 거주하여야 비과세됨
'19.12.17. 이후 등록 신청하는 임대주택은 2년 거주요건 적용

▶ 단기임대·아파트 장기일반매입임대 유형 폐지 및 신규등록 임대주택 의무임대기간 연장 (소득령§155⑳~㉓, §167의3①2.가,마)
'20.07.11. 이후 → 단기, 아파트 장기매입 세제혜택 적용 배제
'20.08.18. 이후 → 의무임대기간을 8년에서 10년으로 연장

1세대 3주택 이상 판단 기준 및 중과세 제외

◐ 중과세 판정 주택수 및 중과세에서 제외하는 주택

다음에 해당하는 주택은 중과세판정시 주택수에서 제외하며, 해당 주택 양도시 중과세되지 않는다.

1. 수도권(서울특별시, 경기도, 인천광역시) 및 광역시가 아닌 지역의 양도 당시 기준시가 3억원 이하인 주택
2. 경기도, 세종시 소속 시의 읍·면 지역 또는 광역시의 군지역에 소재하는 주택으로서 양도 당시 기준시가가 3억원 이하인 주택

□ 1세대 3주택 중과 대상 주택 수 계산방법 (조합원입주권 포함)
[양도소득세 집행기준 104-167의3-2]

모든 주택이 주택 수에 포함되는 지역	기준시가 3억원 초과하는 주택만 주택 수에 포함되는 지역
• 수도권(경기도는 읍·면지역 제외)	• 경기도 읍·면지역
	• 특별자치시 읍·면지역
• 광역시(군지역 제외)	• 광역시의 군지역
• 특별자치시(읍·면지역 제외)	• 기타 모든 도지역

□ 경기도 읍·면지역에 소재하는 주택으로 기준시가가 3억원 이하인 경우 중과세대상 주택수 판정시 제외함 [양도소득세 집행기준 104-167의3-3]
경기도의 읍·면지역에 소재하는 주택은 해당 주택 또는 그 밖의 주택의 양도 당시 3억원을 초과하지 아니하는 경우 중과대상 주택에서 제외된다.

🅠 1세대 3주택 중과세에서 제외되는 주택

1세대 3주택 중과세에서 제외되는 주택은 1세대 2주택 중과세에서 제외되는 주택에도 해당함

> 중과세대상 여부 판정시 주택수에는 포함하나 해당 주택을 양도하는 경우 중과세되지 않는 주택
> [소득세법 시행령 제167조의3 ① 2~ 13]
>
> 1세대 1주택 특례[소득령 제155조]에 해당하여 비과세되더라도 양도가액이 12억원을 초과하는 경우 12억원 초과분은 양도소득세 과세대상은 되나 1세대 1주택 특례에 해당하는 경우 12억원 초과분에 대하여 중과세되지는 않는다.

1세대 3주택 이상이나 중과세에서 제외되는 주택

① 장기임대주택 → 조정대상지역 '18.9.14. 이후 취득분 중과세

② 상속받은 주택[소령 제155조 ②]으로서 상속받은 날부터 5년이 경과하지 않은 주택 [소령 제167조의3 ① 7]

③ 조정대상지역 지정전 계약한 주택 [제167조의3 ① 11]
조정대상지역의 공고가 있은 날 이전에 해당 지역의 주택을 **양도하기 위하여** 매매계약을 체결하고 계약금을 지급받은 사실이 증빙서류에 의하여 확인되는 주택

④ 5년 이상 운영한 가정어린이집 [167조의3 ① 8의2]
1세대의 구성원이 인가를 받고 사업자등록을 한 후 5년 이상 가정어린이집으로 사용하고, 가정어린이집으로 사용하지 아니하게 된 날부터 6월이 경과하지 아니한 주택

⑤ 소득세법 시행령 제155조 1세대 1주택의 특례 또는 「조세특례제한법」에 따라 1세대가 국내에 1개의 주택을 소유하고 있는 것으로 보거나 1세대 1주택으로 보아 소득세법 시행령 제154조제1항(1세대 1주택의 범위)이 적용되는 주택으로서 같은 항의 요건을 모두 충족하는 주택 [제167조의3 ① 13]

[개정 세법] 조정대상지역 3주택자 중과세율 적용제외 주택 추가
(소득세법 시행령 제167의3 제1항 제13호 추가)
소득세법 시행령 제155조 등에 따라 1세대 1주택으로 보는 주택으로서 양도소득세 비과세 요건을 모두 충족하는 주택
<적용시기> 2021.2.17. 이후 양도분부터 적용

▶ 2021.2.17. 이후 양도분부터 3주택(상속주택 또는 임대주택 등 + 일시적 2주택)이나 일시적 2주택으로서 양도하는 주택이 비과세되는 경우 12억원 초과분은 양도소득세는 납부하여야 하나 중과세는 되지 않음

☐ 양도, 서면-2017-부동산-2328 [부동산납세과-1409] , 2017.12.21
상속받은 주택과 그 밖의 주택을 소유하고 있는 1세대가 일반주택을 취득한 날부터 1년 이상이 지난 후 다른 주택을 취득하고 그 취득한 날부터 3년 이내에 일반주택을 양도할 때에는 이를 1세대 1주택으로 보는 것임

⑥ 종업원에게 무상으로 제공하는 사용자 소유의 주택으로서 당해 무상제공기간이 10년 이상인 주택 [제167조의3 ① 4]

⑦ 문화재주택 [제167조의3 ① 6]

⑧ 저당권의 실행으로 인하여 취득하거나 채권변제를 대신하여 취득한 주택으로서 취득일부터 3년이 경과하지 아니한 주택 [제167조의3 ① 8]

⑨ 「조세특례제한법」 제97조·제97조의2 및 제98조에 따라 양도소득세가 감면되는 임대주택으로서 5년 이상 임대한 국민주택 [제167조의3 ① 3]
- 제97조(장기임대주택에 대한 양도소득세의 감면)
- 제97조의2(신축임대주택에 대한 양도소득세의 감면 특례)
- 제98조(미분양주택에 대한 과세특례)

⑩ 「조세특례제한법」 제77조, 제98조의2, 제98조의3, 제98조의5부터 제98조의8까지, 제99조, 제99조의2 및 제99조의3에 따라 양도소득세가 감면되는 주택 [제167조의3 ① 5]
- 제77조(공익사업용 토지 등에 대한 양도소득세의 감면)
- 제98조의2(지방 미분양주택 취득에 대한 양도소득세 등 과세특례)
- 제98조의3(미분양주택의 취득자에 대한 양도소득세의 과세특례)
- 제98조의5(수도권 밖의 지역에 있는 미분양주택의 양도소득세 과세특례)
- 제98조의6(준공후미분양주택의 취득자에 대한 양도소득세의 과세특례)
- 제98조의7(미분양주택의 취득자에 대한 양도소득세의 과세특례)
- 제98조의8(준공후미분양주택의 취득자에 대한 양도소득세 과세특례)
- 제99조(신축주택의 취득자에 대한 양도소득세의 감면)

- 제99조의2(신축주택 등 취득자에 대한 양도소득세의 과세특례)
- 제99조의3(신축주택의 취득자에 대한 양도소득세의 과세특례)
<상세 내용> 특정 기간 중 미분양주택, 신축주택 취득 감면

⑪ 다음의 주택 외에 1개의 주택만을 소유하는 경우 해당 주택 [제167조의3 ① 10]
1) 대도시 등(경기도 포함)이 아닌 지역 또는 대도시 등의 읍·면지역 소재 주택으로서 양도당시 기준시가가 3억원 이하인 주택
2) 장기임대주택
3) 양도소득세가 감면되는 임대주택으로서 5년 이상 임대한 국민주택
4) 양도소득세가 감면되는 주택
5) 종업원에게 무상으로 제공하는 사용자 소유의 주택으로서 당해 무상제공기간이 10년 이상인 주택
6) 문화재 주택
7) 5년 이내 상속받은 주택
8) 저당권 등의 실행 또는 채무변제등으로 취득한 주택으로서 3년이 경과하지 않은 주택
9) 가정어린이 집으로 5년이상 사용하고, 가정어린이집으로 사용하지 아니하게 된 날부터 6월이 경과되지 않는 주택

[사례] 1세대 3주택이나 중과세되지 않는 경우
A주택 : 조정대상지역 주택
B주택 : 5년 내 상속주택
C주택 : 장기임대주택(18.9.13. 이전 장기임대등록)
<풀이>
A주택 양도 → 5년내 상속주택 및 중과세에서 제외되는 장기임대주택 외 1채의 주택만 소유한 경우이므로 중과세대상 아님
B주택 또는 C주택 양도 → 중과세대상 아님

조정대상지역 중과세 적용 사례

[사례1] 서울시 (8억원), 대구광역시 (5억원), 경산시 (2.5억원)
- ■ 중과세 기준 주택(2주택) : 서울시 (8억원), 대구광역시 (5억원)
- ● 서울시 주택 양도 : 조정대상지역, 양도시 1세대 2주택으로 중과세
- ● 대구시 주택 양도 : 조정대상지역, 양도시 1세대 2주택으로 중과세
- 경산시 주택은 3억원 이하로서 중과세기준 주택수에 포함하지 않음

[사례2] 부산시 수영구(조합원입주권 4억원), 서울시 송파구(5억원)
- ■ 중과세 기준이 되는 주택(2주택) : 부산시 수영구(조합원입주권 4억원), 서울시 송파구(5억원)
- ● 수영구 조합원입주권 양도시 : 중과세 대상 아님
- 조합원입주권의 경우 주택수에는 포함하나 중과세대상은 아님
- ● 서울시 송파구 주택 양도 : 중과세 대상

[사례3] 서울시 도봉구 주택(11억원), 성남시 장기임대주택(오피스텔 2018.9.13. 이전 취득 장기임대주택 등록) 2채
- ● 서울시 도봉구 주택 양도 : 중과세 대상 아님
- 장기임대주택을 제외하고, 1채의 주택만 보유한 경우 해당 주택 양도시 중과세되지 않는다. (소득세법 시행령 167조의3 ① 10)

[사례4] 서울시(7억원), 창원시 성산구(2.5억원)
서울시 소재 아파트를 양도하는 경우 중과세대상이 아니며, 장기보유특별공제를 받을 수 있다. 창원시 성산구는 2020.12.18. 조정대상으로 지정이 되었으나 대도시 등외의 지역에 소재한 주택은 조정대상지역 지정과 관계없이 **양도 당시 기준시가가 3억원 이하**인 경우 중과세대상 주택수에 포함하지 않는다.

SECTION 05

분양권 양도소득세
1주택·1분양권 비과세

분양권 양도소득세

분양권 양도차익에 대한 양도소득세 신고 및 납부

분양권의 양도로 양도차익이 발생하는 경우 그 이익에 대하여 양도소득세를 신고·납부하여야 한다. 한편, 투기가 과열된 지역의 경우 과세당국은 세무조사를 실시하여 탈세한 세금을 추징하기도 한다.

분양권의 양도소득세 계산 방법

양도가액 - 취득가액 - 기타필요경비 = 양도차익
양도차익 - 기본공제(250만원) = 과세표준
과세표준 × 양도소득세 세율

▶ **취득가액**
분양권 양도시까지 주택건설업자에게 납부한 계약금, 중도금 등

▶ **기본공제 [소득세법 제103조(양도소득 기본공제)]**
해당 과세기간의 양도소득금액에서 연 1회 250만원을 공제한다.

분양권 양도소득세 [지방소득세(양도소득세의 10%) 별도]

2021년 6월 1일 이후 양도하는 주택분양권의 양도소득세율은 양도일 현재 조정대상지역 소재 여부와 관계없이 보유기간이 1년 미만은 과세표준에 70%의 세율을 1년 이상인 경우 60% 세율이 적용된다.

[개정 세법] 양도소득세 세율 인상

구분		종전				개정	
		주택·입주권	분양권		주택 외	주택·입주권	분양권
			조정	일반			
보유기간	1년미만	40%	50%	50%	50%	70%	70%
	2년미만	기본세율		40%	40%	60%	60%
	2년이상	기본세율		기본세율	기본세율	기본세율	

<적용시기> 2021.6.1. 이후 양도하는 분부터 적용

▶ 아파트 당첨자의 분양권 취득시기 → 당첨일(분양 계약일 아님)
□ 소득세법 기본통칙 98-162…2 【부동산에 관한 권리의 취득시기】
부동산의 분양계약을 체결한 자가 해당 계약에 관한 모든 권리를 양도한 경우에는 그 권리에 대한 취득시기는 해당 부동산을 분양받을 수 있는 권리가 확정되는 날(아파트당첨권은 당첨일)이고 타인으로부터 그 권리를 인수받은 때에는 잔금청산일이 취득시기가 된다. <개정 2011.3.21.>

▶ 분양권은 중과세대상 아님 → 분양권은 주택이 아닌 주택을 취득할 수 있는 권리이므로 분양권 양도시 중과세 대상 아님
분양권을 보유한 세대가 조정지역 소재 주택을 양도하는 경우 주택수(대도시등외 지역 3억원 이상분만 해당)에 포함하여 중과세 여부를 판단한다.

[개정 세법] 1세대 1주택 비과세, 조정대상지역 중과세 등 판단시 주택수에 분양권을 포함하여 계산 (소득세법 §104)
<적용시기> 2021.1.1. 이후 새로 취득하는 분양권부터 주택 수에 포함함

분양권 취득과 기존주택 양도 비과세 특례

1주택을 1년 이상 보유한 후 2021.1.1. 이후 분양권을 취득하고, 분양권 당첨일로부터 3년 이내에 기존주택을 양도하는 경우

국내에 1주택을 소유한 1세대가 종전주택을 양도하기 전에 분양권을 취득함으로써 일시적으로 1주택과 1분양권을 소유하게 된 경우 종전주택을 취득한 날부터 **1년 이상이 지난 후에 분양권을 취득하고** 그 분양권을 취득한 날부터 3년 이내(조정대상지역의 경우에도 3년))에 종전주택을 양도하는 경우에 이를 1세대 1주택으로 보아 제154조 제1항(1세대 1주택의 특례)을 적용한다. [소득령 제156조의3 ②]

▶ 비과세대상 종전주택은 다음 요건을 충족하여야 함
○ 일반지역 → 2년 이상 보유한 종전주택
○ 조정대상지역 → 2017.8.3. 이후 조정대상지역에 취득한 주택 및 새로 조정대상지역으로 지정이 된 경우 그 지정일 이후 취득한 주택은 2년 이상 보유 및 그 보유기간 중 2년 이상 거주를 하여야 함

▶ 주택 보유기간 2년 → (초일불산입) 2년 보유
[사례] 취득일 2021.07.03., 양도일 2023.07.02.
2년 미만 보유 → 양도소득세 비과세대상 아님

▶ 일시적 2주택(1주택 및 1분양권) 비과세 특례 취득시기
1. 주택수 포함 → 2021.1.1. 이후
2. (선)1주택 + (후)분양권 → 아파트 당첨일
3. (선)1주택 + (후)전매 취득 분양권 → 계약일 (국세청 재확인)
4. (선)1주택 + (후)미분양 아파트 분양권 → 계약일 (국세청 재확인)

★ <주의> 종전주택 처분기한 → 아파트 당첨일 및 초일불산입
[사례] '21. 06.15 당첨자 발표, '21.06.28 ~ 07.01 정당계약
'21.06.16.부터 3년인 '24. 6.15 기간 중 종전주택 양도 → 비과세

□ 【부동산에 관한 권리의 취득시기】 소득세법 기본통칙 98-162…2
부동산의 분양계약을 체결한 자가 해당 계약에 관한 모든 권리를 양도한 경우에는 그 권리에 대한 취득시기는 해당 부동산을 분양받을 수 있는 권리가 확정되는 날(아파트당첨권은 당첨일)이고 타인으로부터 그 권리를 인수받은 때에는 잔금청산일이 취득시기가 된다. <개정 2011.3.21.>

★ <주의> 2017.9.19. 기간 계산에 대한 예규 변경
(종전 규정) → 초일산입(서면4팀-1884, 2006.06.21.)
(개정 규정) → 초일불산입

□ 일시적 2주택 특례 적용 시 '3년 이내'인지 판단 기준
(상증 사전-2019-법령해석재산-0538, 2019.10.09.)
거주자가 종전주택을 2011년 6월 21일 취득하고, 신규주택을 2016년 10월 31일 취득, 종전주택을 2019년 10월 31일 양도하는 경우 소득령 §155①에서 규정하는 "신규 주택을 취득한 날부터 3년 이내에 종전의 주택을 양도한 경우"에 해당함

★ <주의> 기간 계산 착오로 인하여 중대한 세무적 문제가 발생할 수 있으므로 보유기간 등을 기간의 마지막날이 되지 않도록 하는 것이 상책임

□ 주택과 분양권을 보유한 1세대가 분양권 과세 양도 후 남은 1주택 양도 시 주택의 보유기간은 분양권 양도일부터 기산함
(양도, 서면-2021-법령해석재산-1365 [법령해석과-2032], 2021.06.10.)
1세대가 1주택과 2021.1.1. 이후 취득한 분양권을 보유하다가 분양권을 먼저 양도하여 과세된 후 남은 최종 1주택을 양도하는 경우 해당 주택의 보유기간은 분양권을 양도하여 1주택을 보유하게 된 날부터 기산하는 것임

1주택을 보유한 세대가 2020.12.31. 이전 분양권을 취득한 경우 분양 아파트 잔금청산일로부터 3년 이내에 기존주택을 양도하는 경우 비과세

2020.12.31. 이전에 분양권을 취득한 경우 분양권은 주택수에 포함하지 아니하므로 아파트 잔금청산일로부터 3년 이내에 종전주택을 양도하는 경우 종전주택은 비과세를 적용받을 수 있다.

◆ **분양아파트의 취득시기 및 일시적 2주택 비과세 특례 적용**
(양도, 서면인터넷방문상담5팀-408 , 2008.02.29.)
분양아파트의 취득시기는 대금을 청산한 날 또는 대금을 청산한 날이 분명하지 아니하거나 대금을 청산하기 전에 소유권이전등기를 한 경우에는 등기접수일이 되는 것이나, 잔금청산일까지 완성되지 아니한 경우 당해 아파트의 완성일(사용승인일, 사실상의 사용일 또는 임시사용승인일 중 빠른 날)이 취득시기가 되는 것이며, 국내에 1주택을 소유한 1세대가 그 주택을 양도하기 전에 다른 주택을 취득(자기가 건설하여 취득한 경우를 포함한다)함으로써 일시적으로 2주택이 된 경우 다른 주택을 취득한 날부터 1년(현행 1~3년) 이내에 종전의 주택을 양도하는 경우에는 이를 1세대 1주택으로 보아 소득세법시행령 제154조 제1항의 규정을 적용하는 것임.

1주택을 보유(1년 미만 보유 포함)한 세대가 2021.1.1. 이후 분양권을 취득하고, 분양권이 주택으로 완성된 후 2년 이내에 종전주택을 양도하는 경우 비과세

국내에 1주택을 소유한 1세대가 그 주택을 양도하기 전에 분양권을 취득함으로써 일시적으로 1주택과 1분양권을 소유하게 된 경우로서 분양권을 취득한 날부터 **3년이 지나 종전주택을 양도하는 경우**이고, 다음 각 호의 요건을 모두 갖춘 때에는 이를 1세대 1주택으로 보아 소득세법 시행령 제154조제1항(1세대 1주택 비과세)을 적용한다.

1. 분양권에 따라 취득하는 **주택이 완성된 후 2년 이내**에 그 주택으로 세대전원이 이사하여 1년 이상 계속하여 거주할 것
2. 분양권에 따라 취득하는 주택이 완성되기 전 또는 **완성된 후 2년 이내**에 종전의 주택을 양도할 것(소득세법 시행령 제156조의3 ③)

[개정 세법] 1세대 1주택 및 1분양권의 양도소득세 비과세 요건 합리화
(소득세법 제156조의2제4항, 제156조의3제3항)
1세대가 일시적으로 1주택과 1분양권을 소유하게 된 경우 분양권 취득일로부터 3년이 지나 종전주택을 양도하는 경우에도 종전주택 취득 후 1년 이상이 지난 후에 분양권을 취득한 경우에 한하여 양도소득세 비과세 특례를 적용받을 수 있음
<적용시기> 2022.2.15. 이후 취득한 분양권부터 적용

[개정 세법] 중과대상 주택수에 포함하는 1주택과 1분양권을 소유한 경우로서 조정대상지역의 주택 양도시 양도소득세 중과 제외
(소득세법 시행령 제167의4, 제167의11)
2021.1.1. 이후 취득하는 분양권부터 일시적 1주택 1분양권에 대한 2주택자 중과 제외에 분양권을 보유한 경우에도 추가

(개정) 1주택 1분양권의 경우도 동일하게 적용
□ 주택·입주권을 보유한 1세대가 조정대상지역 내 주택 양도시 양도소득세 중과에서 제외되는 주택
  ○ 취학·근무상 형편 등의 사유로 다른 시·군 또는 수도권밖의 주택을 취득하여 1주택 1입주권이 된 경우 해당 주택
  ○ 혼인 합가, 부모봉양 합가로 인해 1주택 1입주권을 소유하게 된 경우 해당 주택
  ○ 장기임대주택 등 3주택 이상자의 중과제외대상 주택
  ○ 수도권 외의 지역에 소재하는 기준시가 3억원 이하 주택

□ 혼인으로 인한 1세대 3주택(입주권·분양권 포함) 이상자에 대한 중과 예외 → 혼인으로 주택·입주권 또는 분양권의 수의 합이 3이상이 된 경우도 동일하게 적용

분양권과 취득세 중과세 → '20.8.12. 이후 주택수 포함

국세인 양도소득세 관련 분양권은 2021.1.1. 이후 주택수에 포함하나 지방세인 취득세 관련 분양권은 2020.8.12. 이후 취득하는 분부터 주택수에 포함한다. 따라서 조정대상지역에 1주택을 보유한 세대가 조정대상지역의 분양권을 취득하는 경우 분양권 취득 당시에는 주택이 아니므로 취득세 납부대상이 아니나 분양권이 주택으로 완성되어 소유권을 취득하는 시점에 취득세가 중과세되므로 각별히 유의를 하여야 한다.

▶ 조정대상지역 2주택자 취득세등 → 9%,
취득세 8% + 농어촌특별세 0.6% + 지방교육세 0.4%

일시적 2주택 (주택 + 분양권) 취득세 중과세 제외

주거이전등을 목적으로 1주택을 보유한 세대가 분양권을 취득한 후 분양권이 주택으로 완성된 이후 3년(조정지역 → 조정지역 1년) 이내에 종전 주택을 양도하는 경우에는 취득세가 중과세되지 않는다.

> [국세청 100문 100답 (취득세)] 1주택 소유자가 아파트 분양권을 추가로 취득한 경우, 일시적 2주택을 적용받기 위한 종전 주택 처분기한은?
> ○ 분양권이나 입주권이 주택 수에는 포함되지만, 분양권이나 입주권 자체는 거주할 수 있는 주택의 실체가 없으므로,
> - 아파트 준공 후 주택의 취득일을 기준으로 3년 이내*에 종전 주택을 처분하는 경우에는 일시적 2주택으로 봄
> * 종전 주택과 신규 주택이 모두 조정대상지역 소재 시 1년 이내

SECTION 06

입주권 양도소득세
1주택·1입주권 비과세

조합원입주권

조합원입주권

조합원입주권이란 재개발, 재건축 아파트를 취득할 수 있는 부동산 권리로서 「도시 및 주거환경정비법」 제48조에 따른 관리처분계획의 인가로 인하여 취득한 입주자로 선정된 지위를 말하며, 재개발 또는 재건축주택은 조합이 설립되고 사업시행인가를 거쳐 관리처분계획이 인가되면 그때부터 조합원입주권으로 바뀌게 된다.

관리처분계획이 인가되면 주택이 철거되지 않더라도 주택이 아닌 주택을 취득할 수 있는 권리, 즉 입주권이 되며, 입주권의 경우 주택수에 포함되기 때문에 입주권과 주택을 각각 보유하고 있는 경우 1세대 2주택 혹은 1세대 3주택 등 판정에 유의하여야 한다.

▶ 조합원입주권 주택수 포함
- 양도소득세 : 2006년 이후
- 취득세(취득세 중과세 판단) : 2020.8.12. 이후 취득분

재개발 또는 재건축조합의 입주권 및 분양권

관리처분계획이 인가되면 조합은 남는 물량을 일반에게 분양할 수 있는데, 이때 분양받은 사람들이 갖게 되는 권리가 분양권이다. 즉 조합원입주권은 재개발 및 재건축 조합원(승계조합원 포함)이 갖는 권리이며, 분양권은 조합원이 아닌 사람이 갖게 되는 권리이다.

▶ 재개발 및 재건축
1) 재개발사업 : 주로 단독주택을 보유하던 자가 해당 지역이 재개발되는 경우를 말한다.
2) 재건축사업 : 아파트 등의 노후화로 해당 건물을 허물고 새로 신축하는 경우를 말한다.

[1] 원조합원과 승계조합원
1) 원조합원이란 주택을 보유하던 자의 해당 주택이 재개발 또는 재건축사업 시행으로 조합원입주권을 취득한 자를 말한다.
2) 승계조합원이란 원조합원으로부터 조합원입주권을 승계 취득한 자를 말한다.

[2] 주택과 조합원입주권 구분
조합원입주권은 관리처분계획인가일부터 아파트준공일까지의 기간으로 한다.

주택	조합원입주권		주택
	관리처분계획인가일		
		준공일(사용승인)	

★ <주의> 재개발·개건축된 아파트 취득시기 및 일시적 2주택 적용요건은 일반 아파트와 다르게 적용되므로 보유중인 주택 또는 양도하는 주택이 재개발·재건축된 경우 양도소득세 상담시 반드시 알려 주어야 한다.

조합원입주권 보유기간 및 취득시기

원조합원의 조합원입주권 보유기간
주택을 보유하다가 해당 주택이 관리처분계획인가로 입주권으로 전환된 후 입주권 양도 시 조합원입주권의 보유기간 기산일은 해당 주택의 취득일부터 기산한다.

토지나 근린생활시설이 주택 조합원입주권으로 전환된 경우 조합원입주권 취득시기 → 관리처분계획 인가일
재개발·재건축으로 인하여 조합원이 취득한 입주권은 부동산을 취득할 수 있는 권리에 해당되며, 조합원입주권 취득시기는 부동산을 분양받을 수 있는 권리가 확정되는 날인 **관리처분계획의 인가일**로 한다.

조합원입주권을 승계취득하여 재건축주택이 완공된 경우 주택 취득시기 → 사용승인서교부일
조합원입주권을 승계취득하여 재건축주택이 완공된 경우 주택의 취득시기는 재건축아파트의 사용승인서교부일, 사실상의 사용일, 사용승인일 중 빠른 날로 한다. (소득세법 시행령 제162조 ① 4)

▶ 용어 변경 : 준공검사 → (건축법) 사용승인, (주택법) 사용검사
(도시 및 주거환경정비법) 준공인가

> 〈세금 폭탄〉 조합원입주권의 주택 취득시기
> 재건축 신축주택의 완성일(사용승인일)로부터 2년 이내에 양도하여야 양도소득세를 비과세 됨에도 소유권보존등기일로부터 2년으로 기산하여 비과세 적용받은 내용에 대하여 양도소득세가 추징됨
> (양도, 조심2013서1316 , 2013.05.03 , 기각 , 완료)

조합원입주권 비과세 특례 등

🅠 1세대 1주택 비과세

조합원입주권은 부동산을 취득할 수 있는 권리로 원칙적으로 주택에 대한 비과세 요건이 적용되지 않으나 보유하고 있던 주택(관리처분인가일 현재 보유기간 2년 이상, 조정대상지역의 경우 2년 거주)이 재개발 또는 재건축사업시행으로 조합원입주권으로 전환된 이후 당해 조합원입주권을 양도하는 경우로서 양도일 현재 다른 주택이 없는 경우 조합원입주권을 1세대 1주택으로 보아 비과세한다.(소득세법 제89조 ① 4 가) 단, 12억원 초과분은 과세하되, 조합원입주권의 경우 중과세대상은 아니다.

[세법 개정] 1세대 1주택 고가 조합원입주권(실거래가 12억원 초과)의 양도소득금액 계산방법(소득법 §95③)
실거래가 9억원(2021.12.08. 이후 12억원)을 초과하는 조합원입주권에 대하여 양도소득세 과세
<적용시기> 2020.1.1. 이후 양도하는 분부터 적용

□ 재건축주택의 비과세 판정시 보유기간은 재건축기간을 포함하며, 조합원입주권을 양도하는 경우 세율 적용시 보유기간 계산은 종전부동산의 취득일부터 양도일까지의 기간으로 하는 것임
(양도, 서면인터넷방문상담4팀-3967 , 2006.12.07.)

□ 양도, 서면-2019-법령해석재산-2349 [법령해석과-583] , 2020.02.25
1주택과 1입주권(원조합원) 보유 세대가 1입주권 양도(과세) 후 남은 "최종 1주택"을 양도하는 경우 1세대 1주택 비과세 판정시 보유기간은 조합원입주권을 양도하여 1주택이 된 날부터 기산함

Q 1주택과 조합원입주권 1세대 1주택 비과세 특례

조합원입주권을 취득한 날부터 3년 이내 종전 주택 양도시 1세대 1주택 비과세 (소득세법 시행령 제156조의2 ③)

국내에 1주택을 소유한 1세대가 그 주택(종전의 주택)을 양도하기 전에 조합원입주권을 취득함으로써 일시적으로 1주택과 1조합원입주권을 소유하게 된 경우 종전의 주택을 취득한 날부터 **1년 이상**이 지난 후에 **조합원입주권을 취득**하고 그 조합원입주권을 취득한 날부터 3년 이내(**조정대상지역인 경우에도 3년**)에 종전 주택을 양도하는 경우에는 1세대 1주택으로 보아 비과세한다.

□ 1주택을 보유한 1세대가 새로 구입한 주택이 조합원입주권으로 전환된 경우 비과세 적용 → 신규주택 취득일부터 3년 이내에 종전주택 처분
(양도, 부동산거래관리과-455 , 2010.03.24.) -요약-
A주택을 소유한 1세대가 주택을 취득한 날부터 1년 이상이 지난 후 다른 주택(B주택)을 취득하여 일시적으로 2주택이 된 상태에서 B주택이 관리처분계획인가로 조합원입주권을 취득한 경우, B주택을 취득한 날부터 3년 이내에 A주택을 양도하는 경우 1세대 1주택 비과세특례가 적용되는 것임

[해설] 1) B주택 → 관리처분인가 전 취득 : 취득일 17.4.
2) B주택 취득일(17.4.)로부터 A주택을 3년 내(20.4.) 양도시 일시적 2주택으로 비과세되나 21.5. A주택을 양도함으로서 B주택 취득일(17.4.)로부터 3년이 경과하여 양도한 것이므로 양도소득세가 과세됨

조합원입주권을 승계받아 취득하는 주택의 취득시기

조합원입주권 권리를 승계받아 취득한 주택의 취득시기는 **당해 주택의 사용검사필증 교부일**(사용검사 전에 사실상 사용하거나 사용승인을 받은 경우 그 사실상 사용일 또는 사용승인일)로 한다.

◆ 조합원입주권을 승계받아 취득하는 주택의 취득시기 → 당해 주택의 사용검사필증 교부일
(양도, 서면인터넷방문상담4팀-3755, 2006.11.13.)
관리처분계획 인가일(2005.6.1. 이후) 이후에 조합원의 지위를 승계한 경우, 부동산을 취득할 수 있는 권리로 보아 주택 보유기간 계산 등을 판단하는 것이며, 동 권리를 승계받아 취득한 주택의 취득시기는 소득세법 시행령 제162조 제1항 제4호의 규정에 따라 **당해 주택의 사용검사필증 교부일**(사용검사 전에 사실상 사용하거나 사용승인을 받은 경우에는 그 사실상 사용일 또는 사용승인일)로 하는 것입니다.

주택재개발사업 등의 시행기간 동안 거주하기 위하여 취득한 대체주택의 비과세 (소득세법 시행령 제156조의2 ⑤)

국내에 1주택을 소유한 1세대가 그 주택에 대한 주택재개발사업 또는 주택재건축사업의 시행기간 동안 거주하기 위하여 다른 주택(대체주택)을 취득한 경우로서 다음 각 호의 요건을 **모두 갖추어** 대체주택을 양도하는 때에는 이를 1세대 1주택으로 비과세를 적용하며, 이 경우에는 보유기간 및 거주기간의 제한을 받지 않는다.

1. 주택재개발사업 또는 주택재건축사업의 사업시행인가일 이후 대체주택을 취득하여 1년 이상 거주할 것
2. 주택재개발사업 또는 주택재건축사업의 관리처분계획에 따라 취득하는 주택이 완성된 후 2년 이내에 그 주택으로 세대전원이 이사하여 1년 이상 계속하여 거주할 것.

3. 주택재개발사업 또는 주택재건축사업의 관리처분계획에 따라 취득하는 주택이 완성되기 전 또는 완성된 후 2년 이내에 대체주택을 양도할 것 (소득세법 시행령 제156조의2 ⑤)

주택이 조합원입주권으로 전환된 이후 주택을 새로 취득하고, 신규 주택 취득일부터 3년 이내 조합원입주권을 양도한 경우 1세대 1주택 비과세 (소득세법 제89조 ① 4)

1주택을 보유한 1세대가 해당 주택(1세대 1주택 비과세요건을 충족하는 주택)이 재개발 또는 재건축사업시행으로 조합원입주권(관리처분계획인가일 이후)으로 전환된 이후 새로운 주택을 취득하고, 신규주택 취득일로부터 3년 이내(조정대상지역의 경우에도 3년)에 해당 조합원입주권을 양도하는 경우 조합원입주권은 비과세된다. 다만, 해당 조합원입주권의 가액이 12억원을 초과하는 경우 초과하는 금액에 대하여는 양도소득세가 과세된다.

▶ 조합원입주권 전환 이후 신규 취득 주택 비과세 요건(1+2+3)
1 관리처분계획 인가 당시 1세대 1주택 요건을 충족한 기존 주택(2년 이상 보유 + 조정대상지역 2년 거주)이 조합원입주권으로 전환
2. 양도일 현재 조합원입주권 외에 1주택을 소유
3. B주택 취득일로부터 3년 이내 조합원입주권 양도

◆ 승계취득한 조합원입주권보다 나중에 취득한 주택을 먼저 양도할 때는 1세대 1주택의 특례를 적용할 수 없는 것임
(양도, 서면-2015-부동산-2181 [부동산납세과-2055] , 2015.12.04.)
승계취득한 조합원입주권보다 나중에 취득한 주택을 먼저 양도할 때는 「소득세법」상 1세대 1주택의 특례를 적용할 수 없는 것임

조합원입주권을 취득한 날부터 3년이 지난 이후에도 종전 주택 양도에 대한 1세대 1주택 비과세가 적용되는 경우

국내에 1주택을 소유한 1세대가 그 주택을 양도하기 전에 조합원입주권을 취득함으로써 일시적으로 1주택과 1조합원입주권을 소유하게 된 경우 조합원입주권을 취득한 날부터 3년이 지나 종전의 주택을 양도하는 경우로서 다음 각 호의 요건을 모두 갖춘 때에는 이를 1세대 1주택으로 본다. (소득세법 시행령 제156조의2 ④)

1. 주택재개발사업 또는 주택재건축사업의 관리처분계획에 따라 취득하는 주택이 완성된 후 2년 이내에 그 주택으로 세대전원이 이사(취학, 근무상의 형편, 질병의 요양 그 밖의 부득이한 사유로 세대의 구성원 중 일부가 이사하지 못하는 경우를 포함한다)하여 **1년 이상 계속하여 거주**할 것

2. 주택재개발사업 또는 주택재건축사업의 관리처분계획에 따라 취득하는 주택이 완성되기 전 또는 완성된 후 **2년 이내에 종전의 주택을 양도**할 것

3. 종전주택은 1세대 1주택 비과세 요건(2년 이상 보유, 조정대상지역은 2년 거주 요건 추가)을 충족할 것

[개정 세법] (소득령 제156조의2 ④) 2022.2.15. 이후 취득하는 조합원입주권으로서 조합원입주권 **취득일로부터 <u>3년이 지나</u> 종전주택을 양도하는 경우에도 종전주택 취득 후 1년 이상이 지난 후에 조합원입주권을 취득한 경우에 한하여 양도소득세 비과세 특례를 적용받을 수 있음

조합원입주권 양도소득세

조합원입주권 양도소득세 개요
조합원입주권을 양도하면서 주택과 조합원입주권을 소유한 경우 1세대 1주택의 특례 요건을 충족하지 못하는 양도소득세를 신고 및 납부하여야 한다.

조합원입주권에 대한 장기보유특별공제
2016년 이후 세법 개정으로 조합원입주권에 대하여도 장기보유특별공제를 받을 수 있으며, **원조합원**은 장기보유특별공제[표 1(3년 이상 6% 매 년 2% 추가, 최대(15년) 30%)]를 받을 수 있으나
승계취득한 조합원입주권의 경우에는 장기보유특별공제를 받을 수 없다. (소득세법 제95조 ②)

◆ 원조합원입주권이 조합원입주권을 양도하는 경우 장기보유특별공제 보유기간 → 기존 건물 취득일부터 관리처분인가일까지의 기간으로 함
(양도, 서면-2015-부동산-0008 , 2015.04.30.)
조합원입주권의 양도차익에서 장기보유특별공제액을 계산할 때 보유기간별 공제율은 기존 건물과 그 부수토지의 취득일부터 관리처분인가일까지의 기간에 대하여 적용하는 것임

◆ 승계취득한 조합원입주권의 주택 변환 이후 장기보유특별공제 기산일 → 재건축아파트의 사용검사필증 교부일
(양도, 서면인터넷방문상담4팀-3936 , 2006.12.05.)
조합원입주권을 승계취득한 경우 장기보유특별공제를 적용함에 있어 재건축된 주택(그 부수토지를 포함)의 보유기간 기산일은 재건축아파트의 사용검사필증 교부일이 되는 것임

조합원입주권을 양도하는 경우 중과세대상 아님

조합원입주원의 경우 주택수에는 포함하나 중과세대상은 아니므로 조정대상지역에 있는 입주권이라 하더라도 일반세율이 적용된다.

청산금 양도소득세

조합원이 소유하던 건물 및 부수 토지의 대가로 조합으로부터 조합원입주권과 청산금(기존 주택의 평가액과 조합원 분양가액의 차액)을 지급받는 경우 양도소득세를 신고납부하여야 한다. 반대로 납부한 추가 분담금은 조합원입주권이나 신축주택을 양도하는 시점에 필요경비에 포함할 수 있다.

조합원입주건 양도소득세

① 조합원입주권 양도가액
② 양도한 주택의 취득비용 및 기타 필요경비(취득세 등), 자본적 지출액, 재개발·재건축 관련 정산금, 양도시 중개수수료 등 양도비용
③ 기본공제(250만원)
④ 장기보유특별공제
⑤ 과세표준[①- ② - ③ - ④)] × 양도소득세

▶ 양도소득세 세율 인상

구분		종전				개정	
		주택·입주권	분양권		주택 외	주택·입주권	분양권
			조정	일반			
보유기간	1년미만	40%	50%	50%	50%	70%	70%
	2년미만	기본세율		40%	40%	60%	60%
	2년이상	기본세율		기본세율	기본세율	기본세율	

<적용시기> 2021.6.1. 이후 양도하는 분부터 적용

조합원입주권과 관련한 기타 세금 요약

취득세(승계조합원)

승계조합원이 주택 멸실 전 주택을 매수한 경우 주택의 취득세율을, 주택이 **멸실**된 이후에는 토지분에 대한 취득세 등을 납부하여야 한다.

▶ 토지분 취득세 등 4.6%
취득세 4% + 농어촌특별세 0.2% + 지방교육세 0.4%

▶ 건물 원시취득에 대한 취득세 등
○ 아파트 분양가액 - 토지가액 상당액(권리가액 + 프리미엄) × 세율
- 85㎡ 이하(2.96%) : 취득세 2.8% + 지방교육세 0.16%
- 85㎡ 초과(3.16%) : 취득세 2.8% + 지방교육세 0.16% + 농어촌특별세 0.2%

<주의> 2020. 8. 12. 이후 취득한 조합원입주권, 분양권, 주거용 오피스텔은 주택 수에 포함하므로 주택 수가 2주택 이상(일시적 2주택자는 제외)이 되는 경우 중과세율이 적용된다. (취득세 중과세 편 참조)

종합부동산세

종합부동산세는 주택 및 종합합산대상, 별도합산대상 토지에 부과되므로 주택 **멸실** 이후에는 토지에 해당하므로 종합부동산세 과세대상에 해당하지 않는다. (조합원입주권의 토지는 분리과세대상 토지에 해당하므로 종합부동산세 과세대상 아님)

재산세

재산세는 납세기준일인 매년 6월 1일 시점 건물 및 토지 등 소유자에게 고지되며, 주택건물 **멸실** 이후에는 건물 부분은 없기에 토지분에 대해서만 재산세가 부과된다.

SECTION 07
양도소득 필요경비 장기보유특별공제 양도소득세 신고·납부

양도가액

양도소득세는 과세대상 부동산 등의 취득일부터 양도일까지 보유기간 동안 발생된 이익(소득)에 대하여 양도시점에 일시 과세하게 되며, 양도차익은 양도가액에서 필요경비(양도 자산의 취득가액 등)를 차감한 금액으로 한다. 양도가액이란 양도소득세 과세대상 부동산을 타인에게 매각하고 받는 금액으로 실제 거래금액으로 하며, 양수인이 양도소득세등을 부담하기로 한 경우 양도가액은 양도소득세등을 포함한 가액으로 한다.

필요경비

◎ 취득가액 등 (실제 거래가액 양도)

취득가액
부동산을 취득하기 위하여 실지 지급한 거래가액으로 한다.

▶ 증여받은 자산을 5년 이내 양도하는 경우 취득가액 계산 특례
거주자가 양도일부터 소급하여 5년 이내에 그 배우자 또는 직계존비속으로부터 증여받은 양도소득세 과세대상 자산의 양도차익을 계산할 때 취득가액은 그 배우자 또는 직계존비속의 취득 당시가액으로 한다. 이 경우 거주자가 증여받은 자산에 대하여 납부한 증여세 상당액이 있는 경우에는 필요경비에 산입한다. (소득세법 제97조의2)

취득세 등
부동산을 취득하면서 납부한 취득세 등(취득세, 지방교육세, 농어촌특별세)은 양도가액에서 공제를 받을 수 있다.

기타 비용
중개수수료, 법무사비용, 양도소득세 세무대행 비용

Q 필요경비로 공제받을 수 있는 지출액 등

부동산을 취득한 후 용도변경, 개량, 이용편의를 위한 지출로 인하여 해당 부동산의 가치가 증가한 지출비용은 부동산의 양도가액에서 필요경비로 공제를 받을 수 있으며, 2018년 4월 1일 이후 세금계산서 등 정규영수증이 없는 경우라도 **실제 지출사실이 금융거래 증명서류에 의하여 확인되는 경우** 필요경비로 공제를 받을 수 있다.

필요경비로 공제받을 수 있는 지출 사례
- 부동산 취득 후 용도변경·개량·이용편의를 위하여 지출한 비용
- 자본적지출(개량등으로 가치증가)에 해당하는 인테리어 비용 등

- 방확장 등의 내부시설개량 공사비
- 발코니 개조비용, 창틀 설치비용, 방범창 설치비용
- 시스템에어컨 설치비용, 홈오토 설치비
- 냉난방장치 설치비용 및 난방시설 교체비용 등
- 농지 취득 후 농지전용허가와 관련하여 부담하는 농지전용부담금

(양도, 재산세과-836 , 2009.03.11.) 농지에 건물을 신축하기 위하여 농지전용허가 조건으로 부담한 농지보전부담금은 당해 토지에 대한 자본적 지출에 해당함

건물 철거 비용의 필요경비 산입 여부

◆ **토지와 건물을 취득하여 구건물을 철거하고 건물을 새로 신축하여 양도하는 경우 멸실된 건물취득가액 및 철거비용의 필요경비 산입**
(서면인터넷방문상담4팀-781, 2006.03.31.)
소유토지에 소재하는 건물을 멸실하고 새로운 건물을 신축하여 그 소유토지와 신축한 건물을 일괄 양도하는 경우
건물의 양도에 대한 양도차익을 실지거래가액에 의하여 산정하는 때에 양도가액에서 공제하는 취득가액은 당해 건물신축 시 실지 소요된 가액으로 하고 종전 건물의 취득가액은 이에 포함하지 아니하는 것이며,
토지에 대한 양도차익을 실지거래가액에 의하여 산정하는 경우 멸실된 건물의 취득가액과 철거 비용의 합계액에서 멸실 건물의 잔설 처분가액을 차감한 잔액을 필요경비에 산입하는 것임

☐ **건물 철거 비용의 필요경비 산입 [소득세법 기본통칙 97-0…8]**
토지만을 이용하기 위하여 토지와 건물을 함께 취득한 후 해당 건물을 철거하고 **토지만을 양도하는 경우** 철거된 건물의 취득가액과 철거비용의 합계액에서 철거 후 남아있는 시설물의 처분가액을 차감한 잔액을 양도자산의 필요경비로 산입한다. <개정 2011.3.21>

□ 철거되는 건물의 취득가액이 필요경비에 산입되지 않는 경우
[소득세법 집행기준 97-163-41]
토지와 건물을 함께 취득하여 **장기간 사용 후** 건물을 철거하고 **나대지** 상태로 양도하는 경우에는 건물의 취득가액과 철거비용 등은 토지의 취득가액에 산입하지 아니한다.

[개정 세법] 철거비용 필요경비 산입(소득세법 시행령 제163조 제3항)
2020.02.11. 이후 재해·노후화 등 부득이한 사유로 인하여 건물을 재**건축**한 경우 그 철거비용을 필요경비에 포함한다

필요경비에 해당하지 아니하는 지출

부동산의 정상적인 유지를 위한 수선 또는 경미한 개량으로 자산의 가치를 상승시킨다기보다는 본래의 기능을 유지하기 위한 비용은 수익적 지출이라고 하며, 수익적 지출은 필요경비에 해당하지 아니하므로 양도차익에서 공제를 받을 수 없다.

양도가액에서 공제를 받을 수 없는 지출 사례
- **싱크대, 주방기구 교체비용**
- **벽지·장판 교체비용**
- **이사비용**
- 문짝이나 조명 교체비용
- 화장실공사비, 마루공사비, 방수공사비
- 외벽 도색작업
- 보일러 수리비용
- 하수도관 교체비, 오수정화조설비 교체비

🅠 취득시 매매가액을 알 수 없는 경우 취득가액

취득가액 적용 방법
매매계약서의 분실 등의 사유로 취득당시 실지거래가액이 확인되지 않는 경우 매매사례가액, 감정가액, 환산가액을 순차적으로 적용하여 산정한 금액을 취득가액으로 하되 매매사례가액, 감정가액이 없는 경우 **환산취득가액**을 적용한다. 한편, 2018.1. 1. 이후 신축한 건물의 취득일부터 5년 이내에 건물을 양도하면서 취득가액을 환산가액으로 하는 경우 환산가액의 100분의 5에 해당하는 금액을 양도소득 결정세액에 더하며, 양도소득 산출세액이 없는 경우에도 적용된다.

취득시 개별공시지가 및 국세청 기준시가가 있는 경우
양도 당시 실지거래가액 × (취득당시 기준시가/양도당시 기준시가)

취득시 기준시가가 없었으나 이후 고시된 경우(공동주택)
취득당시 국세청 고시 기준시가가 없었으나 이후 고시된 경우(공동주택) 취득가액을 환산한다.

▷ 환산취득가액
양도당시 실지거래가액 × 취득당시 기준시가 / 양도당시 기준시가

◆ 취득당시 기준시가
최초고시가액 × [(취득시 토지기준시가+일반건물기준시가) ÷ (최초 고시당시 토지기준시가 + 최초 고시당시 일반건물기준시가)]

▶ 환산가액에 의한 취득가액 계산시 필요경비
- 토지 : 취득당시 개별공시지가× 3/100
- 건물 및 주택 : 취득당시 건물기준시가 × 3/100

장기보유특별공제

일반지역 소재 3년 이상 보유 부동산 장기보유특별공제

장기보유 특별공제액이란 토지 또는 건물(조정대상지역의 중과세 대상 주택 및 미등기양도자산 제외)의 **보유기간이 3년 이상**인 것 및 조합원입주권(조합원으로부터 취득한 것은 제외)에 대하여 그 자산의 양도차익(조합원입주권을 양도하는 경우에는 관리처분계획 인가 전 토지분 또는 건물분의 양도차익으로 한정)에 다음 표에 따른 보유기간별 공제율을 곱하여 계산한 금액을 말한다.

[표1] 장기보유특별공제 비율 (토지, 건물, 다주택)

보유기간	공제율	보유기간	공제율
3년 이상 4년 미만	100분의 6	10년 이상 11년 미만	100분의 20
4년 이상 5년 미만	100분의 8	11년 이상 12년 미만	100분의 22
5년 이상 6년 미만	100분의 10	12년 이상 13년 미만	100분의 24
6년 이상 7년 미만	100분의 12	13년 이상 14년 미만	100분의 26
7년 이상 8년 미만	100분의 14	14년 이상 15년 미만	100분의 28
8년 이상 9년 미만	100분의 16	15년 이상	100분의 30
9년 이상 10년 미만	100분의 18		

<적용시기> 2019.1.1. 이후 양도분부터

2주택 이상자가 양도일 현재 조정대상지역내 주택을 양도시 장기보유특별공제 배제 및 중과세

1세대가 2주택 이상을 보유한 경우로서 양도일 현재 조정대상지역 내 주택을 양도하는 경우 장기보유특별공제를 받을 수 없으며, 양도소득세가 중과세된다. (2018년 4월 1일 이후)

◆ 2주택을 보유한 1세대가 2021.1.1. 이후 1주택 외의 주택을 양도 후 최종 1주택을 양도하는 경우, 장기보유특별공제 적용 시 보유기간 및 거주기간의 기산일

(서면-2020-법령해석재산-1806, 2020.06.08.)

귀 질의의 경우, A주택 양도 시 「소득세법」 제95조제2항 장기보유특별공제율 적용을 위한 보유기간은 같은 법 제95조제4항에 따라 A주택의 취득일부터 기산하는 것이며, 같은 법 시행령 제159조의3에 따른 거주기간은 A주택의 취득일 이후 실제 거주한 기간에 따르는 것입니다.

1. 사실관계
○ 2005년 갑은 '□□ △△' 소재 A주택 취득
○ 2009년 갑은 '◇◇ 소재' B주택 취득
○ 2021.3월 갑은 '◇◇ 소재' B주택 양도(과세)
○ 2021.5월 갑은 '□□ △△' 소재 A주택 양도 예정
○ 갑은 A주택에서 13년 거주함

2. 질의내용
○ 2주택을 보유한 1세대가 2021.1.1. 이후 1주택 외의 주택(B주택)을 양도 후 최종 1주택(A주택)을 양도하는 경우, 장기보유특별공제 적용 시 보유기간 및 거주기간의 기산일

◆ 상속받은 지 5년이 경과한 상속주택 외 일반주택 양도시 양도소득세 중과 및 장기보유특별공제 적용 여부

(양도, 기획재정부 조세법령운용과-922, 2021.10.28.)

상속받은 날로부터 5년이 경과한 「소득세법 시행령」 제155조제2항에 해당하는 상속주택을 보유한 1세대가 조정대상지역에 소재한 일반주택을 양도하는 경우 같은 영 제104조제7항제1호가 적용되며 장기보유특별공제 적용 대상이 아님

양도 또는 취득의 시기

자산의 양도차익을 계산할 때 그 취득시기 및 양도시기는 해당 자산의 **대금을 청산한 날**로 한다. 다만, 대금을 청산하기 전에 소유권 이전등기(등록 및 명의 개서 포함)를 한 경우에는 등기부·등록부 또는 명부등에 기재된 등기접수일로 한다.

▶ 자기가 건설한 건축물, 승계취득한 조합원입주권의 주택 취득시기
사용승인서 교부일. 다만, 사용승인서 교부일 전에 사실상 사용하거나 임시사용승인을 받은 경우에는 그 **사실상의 사용일 또는 임시사용승인을 받은 날** 중 빠른 날로 한다. (소득세법 시행령 제162조)

▶ 증여 또는 상속받은 자산의 장기보유특별공제 보유기간 계산
1. 증여받은 자산 → 증여등기일부터 양도일까지의 보유기간
2. 상속받은 자산 → 상속개시일부터 양도일까지의 보유기간

▶ 증여받은 자산을 5년 이내 양도하는 경우 장기보유특별세액 보유기간 및 취득가액 계산 특례
1) 장기보유특별공제시 보유기간은 증여한 배우자 또는 직계존비속이 해당 자산을 취득한 날부터 기산한다.(소득세법 제95조 ④)
2) 거주자가 양도일부터 소급하여 5년 이내에 그 배우자 또는 직계존비속으로부터 증여받은 양도소득세 과세대상 자산의 양도차익을 계산할 때 취득가액은 그 배우자 또는 직계존비속의 취득 당시가액으로 한다. 이 경우 거주자가 증여받은 자산에 대하여 납부한 증여세 상당액이 있는 경우에는 필요경비에 산입한다. (소득세법 제97조의2)

□ 경락에 의하여 자산을 취득하는 경우의 취득시기
[소득세법 기본통칙 98-162…3]
경매에 의하여 자산을 취득하는 경우에는 경락인이 매각조건에 의하여 경매대금을 완납한 날이 취득의 시기가 된다. <개정 2011.3.21.>

☐ 잔금청산일이 매매계약서에 기재된 잔금지급약정일과 다른 경우 양도 또는 취득의 시기 [소득세법 기본통칙 98-162…1]
① 매매계약서 등에 기재된 잔금지급약정일보다 앞당겨 잔금을 받거나 늦게 받는 경우에는 실지로 받은 날이 잔금청산일이 된다.
<개정 2011.3.21>
② 제1항을 적용함에 있어서 잔금을 소비대차로 변경한 경우는 소비대차로의 변경일을 잔금청산일로 한다. <개정 2011.3.21.>

☐ 분양받은 아파트를 잔금 청산 전 소유권이전등기를 한 경우 취득시기
(재산세과-601, 2009.10.30.) 분양받은 아파트는 잔금청산일을 취득시기로 보는 것이며, 잔금을 청산하기 전에 소유권 이전등기를 한 경우에는 소유권 이전등기 접수일을 취득시기로 보는 것임

<세금 폭탄> 취득시기 오인에 대한 장기보유특별공제 배제
경매로 낙찰받은 자산의 취득시기는 경매대금을 완납한 날임에도 취득시기를 오인한 내용에 대하여 양도소득세를 추징함

☐ 국심2007서5296, 2008.03.21.
청구인은 ○○○시 ○○○구 ○○○동 000-0대지 202.3㎡ 및 건물 373㎡(쟁점부동산)를 2005.6.9. 경락으로 취득하여 2007.2.23. 양도하고 취득시기를 2003.10.28(잔금지급약정일)로 하여 3년 이상 보유자산의 양도로 보아 장기보유특별공제 46,391,500원을 공제하고 36%의 세율을 적용하여 2007.4.30. 양도소득세 123,937,610원을 신고·납부하였다.
처분청은 쟁점부동산의 취득시기를 경락대금 납부일인 2005.6.9.을 취득시기로 보아 2년 미만 보유자산의 양도로 보아 장기보유특별공제 배제 및 세율을 40%를 적용하여 2007.6.21. 청구인에게 2007년 귀속 양도소득세 46,857,540원을 경정 고지하였다

고가주택 양도소득 및 장기보유특별공제

고가주택
양도 당시의 실지거래가액이 9억원(2021.12.08. 이후 양도분 12억원)을 초과하는 고가주택 및 조합원입주권(2020년 1월 1일 이후 양도하는 것)은 1세대 1주택에 해당하더라도 양도소득세가 과세된다.

고가주택의 양도차익 및 양도소득 [소령 제160조]
- 과세되는 고가주택의 양도차익
= 전체 양도차익 × (양도가액 - 12억원) ÷ 양도가액
- 과세되는 고가주택에 적용할 장기보유특별공제액
= 전체 장기보유특별공제액 × (양도가액 - 12억원) ÷ 양도가액
- 양도소득 = 양도차익 - 장기보유특별공제

1세대 1주택이나 양도가액이 12억원을 초과하는 고가주택의 장기보유특별공제

양도가액이 12억원을 초과하는 고가주택의 경우 1세대 1주택 비과세 요건을 충족하더라도 12억원 초과분은 안분하여 양도소득세를 신고. 납부를 하여야 한다. 한편, 1세대 1주택에 해당하는 고가 주택을 3년 이상 보유하고, 2년 이상 거주한 경우 [표 2]의 장기보유특별공제를 받을 수 있으며, 2년 이상 거주 요건을 충족하지 못한 경우에는 [표 1]의 장기보유특별공제를 받을 수 있다.

★ [주의] 2021.1.1. 이후 양도하는 분부터 1세대 1주택이나 비과세대상이 아닌 경우로서 2년 이상 거주기간을 채우지 못하면, 소득세법 제95조 제1항 표1의 장기보유특별공제만 받을 수 있다. [소득세법 시행령 제159조의4]

[개정 세법] 2021.1.1. 이후 양도분부터 1세대 1주택자 장기보유특별공제에 거주기간별 공제요건 추가 (소득법 제95조 ②)
  ○ 대상자 : 1세대 1주택으로 양도가액 12억원 초과분 + 2년 이상 거주 + 3년 이상 보유
  ○ 공제액 : 양도차익 × (보유기간별 공제율 + 거주기간별 공제율)

[표 2] 장기보유특별공제율 (1주택 + 3년 이상 보유 + 2년 이상 거주)

보유기간	공제율	거주기간	공제율
3년 이상 4년 미만	12	2년 이상 3년 미만 (보유기간 3년 이상에 한정)	8
		3 ~ 4년	12
4 ~ 5년	16	4 ~ 5년	16
5 ~ 6년	20	5 ~ 6년	20
6 ~ 7년	24	6 ~ 7년	24
7 ~ 8년	28	7 ~ 8년	28
8 ~ 9년	32	8 ~ 9년	32
9 ~ 10년	36	9 ~ 10년	36
10년 이상	40	10년 이상	40

<적용시기> 2021.1.1. 이후 양도하는 분부터 적용

[표 1] 장기보유특별공제율 (1세대 1주택이 아닌 경우, 원조합원입주권)

보유기간	공제율	보유기간	공제율
3년 이상 4년 미만	100분의 6	10년 이상 11년 미만	100분의 20
4년 이상 5년 미만	100분의 8	11년 이상 12년 미만	100분의 22
5년 이상 6년 미만	100분의 10	12년 이상 13년 미만	100분의 24
6년 이상 7년 미만	100분의 12	13년 이상 14년 미만	100분의 26
7년 이상 8년 미만	100분의 14	14년 이상 15년 미만	100분의 28
8년 이상 9년 미만	100분의 16	15년 이상	100분의 30
9년 이상 10년 미만	100분의 18		

□ 2주택을 보유한 1세대가 2021.1.1. 이후 1주택 외의 주택(B주택)을 양도 후 최종 1주택(A주택)을 양도하는 경우, 장기보유특별공제 적용 시 보유기간 및 거주기간의 기산일 → 해당 주택의 취득일
(양도, 서면-2021-법령해석재산-0900 [법령해석과-1164], 2021.04.01.)
주택 양도 시 장기보유특별공제율 적용을 위한 보유기간은 해당 주택의 취득일부터 기산하는 것이며, 거주기간은 해당 주택의 취득일 이후 **실제 거주한 기간**에 따르는 것임

★ <주의> 거주기간 → 주민등록표 등본의 전입일부터 전출일까지 기간

▶ 조정지역 1세대 1주택 비과세 및 비과세 특례 적용시 거주기간 → 1주택이 된 날부터 기산(양도, 기획재정부 재산세제과-35 , 2021.1.14.)

[사례] 2주택자가 다른 주택을 처분한 후 1세대 1주택 비과세요건을 충족하지 못하여 양도소득세가 과세된 후 장기보유특별공제 기간 계산

[해설] B주택 2021.02.10. 양도 → 양도 당시 2주택자로 과세
A주택 2021.09.20. 양도 → 2년 미만 보유주택으로 과세
1) 2021.1.1. 이후 최종 1주택이 된 날부터 보유기간을 계산함
2) **A주택 양도시** B주택 처분 후 **2년이 경과되지 아니하여** 1세대 1주택 비과세는 적용받을 수 없어 양도소득세는 과세되나 이 경우 **장기보유특별공제는 취득일인 2015.07.10.부터 기산한다.**
3) **A주택** 양도시 6년 초과(2015.7. ~ 2021.9.)의 장기보유특별공제를 받을 수 있으며, A주택을 **3년 이상 보유**하고, A주택에서 **2년 이상 거주**한 경우 1세대 1주택자 장기보유특별공제를 받을 수 있다.

양도소득세 세율 및 신고·납부

양도소득세는 양도소득금액(양도금액 - 필요경비 - 장기보유특별공제)에서 기본공제(250만원)를 차감한 금액이 과세표준이 되며, 과세표준에 세율을 곱한 금액을 산출세액으로 하여 양도소득세를 신고 및 납부하여야 한다.

Q 양도소득 기본공제

양도소득이 있는 경우 연간 250만원을 공제하며, 동일한 소득별 자산을 1년에 2회 이상 양도하는 경우 먼저 양도하는 양도소득금액에서 순차로 공제한다.

Q 양도소득세 과세표준

양도소득세 과세표준은 양도차익(양도금액 - 필요경비)에서 장기보유특별공제 및 기본공제금액(250만원)을 차감한 금액으로 계산한다.

▶ **양도소득세 과세표준**
양도금액 - 필요경비 - 장기보유특별공제 - 기본공제금액(250만원)

🅠 양도소득세 세율

자산 종류 및 보유기간에 따른 세율 [소득세법 제104조]

▶ 1년 미만
1. 주택 및 조합원입주권 : 2021.6.1. 이후 70%
2. 분양권 : 2021.6.1. 이후 70%
3. 기타 : 50%

▶ 1년 이상 2년 미만
1. 주택 및 조합원입주권 : 2021.6.1. 이후 60%
2. 분양권 : 2021.6.1. 이후 70%
3. 기타 : 40%

[개정 세법] 양도소득세 세율 인상

구분		종전				개정	
		주택·입주권	분양권		주택 외	주택·입주권	분양권
			조정	일반			
보유기간	1년미만	40%	50%	50%	50%	70%	70%
	2년미만	기본세율		40%	40%	60%	60%
	2년이상	기본세율		기본세율	기본세율	기본세율	

<적용시기> 2021.6.1. 이후 양도하는 분부터 적용

▶ 2년 이상
보유기간이 2년 이상인 경우 과세표준에 기본세율(6 ~ 45%)을 곱한 금액을 산출세액으로 한다. 단, 분양권의 경우 60%로 한다.

▶ 소득세 기본세율 (소득법 §55①)

과세표준 구간	세율	누진공제액
1,200만원 이하	6%	
1,200만원 초과 4,600만원 이하	15%	108만원
4,600만원 초과 8,800만원 이하	24%	522만원
8,800만원 초과 1억5천만원 이하	35%	1,490만원
1억5천만원 초과 3억원 이하	38%	1,940만원
3억원 초과 5억원 이하	40%	2,540만원
5억원 초과 10억원 이하	42%	3,540만원
10억원 초과	45%	6,540만원

<적용시기> '21.1.1. 이후 발생하는 소득분부터 적용

▶ 비사업용토지 : 10% 추가 과세
(상세내용 → 비사업용 토지 편 참고)

❓ 양도소득세 신고 및 납부

양도소득세 예정신고 및 납부

양도소득세 과세대상 부동산 등(토지 또는 건물, 부동산에 관한 권리, 기타 자산)을 양도한 거주자는 당해 부동산에 대한 양도소득세 신고서를 **양도일이 속하는 달의 말일부터 2개월 이내**에 **주소지** 관할 세무서장에게 제출하고 납부하여야 한다. (소득세법 제105조 ①)

양도소득세 확정신고

1과세기간(1. 1.~12. 31.) 동안 **2건 이상**의 부동산을 양도하는 경우 양도일이 속하는 연도의 다음해 5월 1일부터 5월 31일 기간 동안 주소지 관할세무서에 1과세기간 동안의 양도소득을 합산하여 양도소득세 확정신고를 하여야 한다.

양도소득세 납부 및 분할납부

양도소득세는 신고기한까지 납부를 하여야 한다. 다만, 납부할 세액이 1천만원을 초과하는 경우 납부할 세액의 일부를 납부기한 경과 후 2개월 이내에 나누어 낼 수 있다.

▶ 분할납부할 수 있는 세액
- 납부할 세액이 2천만원 이하일 경우 : 1천만원을 초과하는 금액
- 납부할 세액이 2천만원을 초과하는 경우 : 납부할 세액의 1/2

양도소득세에 대한 지방소득세 신고 및 납부

거주자가 양도소득과세표준 예정신고를 하는 경우에는 해당 신고기한에 2개월을 더한 날(양도일이 속하는 달의 말일부터 4개월)까지 양도소득에 대한 개인지방소득세 과세표준과 세액을 납세지(양도일이 속하는 달의 말일 현재 주소지) 관할 지방자치단체의 장에게 신고 및 납부하여야 한다.

거주자가 양도소득과세표준 확정신고를 하는 경우에는 해당 신고기한에 2개월을 더한 날까지 납세지 관할 지방자치단체의 장에게 양도소득에 대한 개인지방소득세 과세표준을 신고 및 납부하여야 한다.

1세대 1주택 또는 일시적 2주택으로 납부할 양도소득세가 없는 경우 양도소득세 신고

1세대 1주택으로 비과세되는 경우 또는 일시적 2주택 비과세에 해당하여 납부할 세액이 없는 경우 양도소득세 신고를 하지 않아도 되나 관할 세무서에서 비과세대상인지가 불분명한 경우 확인을 위하여 안내문을 발송할 수 있으므로 납부세액이 없더라도 가능한 신고를 하여야 한다.

❓ 양도소득세(주택) 계산구조 (실거래가액)

양도가액	양도금액
−	
취득가액	취득가액(매입금액)
−	
필요경비	취득세, 인지세, 중개수수료, 리모델링비용 발코니확장비용, 시스템에어컨 [×] 싱크대, 벽지, 장판 교체비용, 이사비 등
−	
장기보유특별공제	3년 이상 6% + 1년마다 2% (최대 15년 30%) [×] 조정대상지역 2주택 이상
=	
양도소득금액	
−	
기본공제	250만원
−	
과세표준	
×	
세율	양도소득세 세율표 참조 조정 2주택 : 기본세율 + 20%(3주택 30%) 지방소득세(양도소득세 산출세액의 10%) 별도
=	
산출세액	
+	
가산세	무신고 또는 과소신고한 경우
=	
납부세액	양도일이 속하는 달의 말일부터 2개월 이내

[개정 세법] 양도소득세 세율

구분		종전			개정	
		주택· 입주권	분양권	주택 외	주택· 입주권	분양권
보유기간	1년미만	40%	(조정대상 지역) 50% (기타지역) 기본세율	50%	70%	70%
	2년미만	기본세율		40%	60%	60%
	2년이상	기본 세율		기본 세율	기본 세율	

<적용시기> 2021.6.1. 이후 양도하는 분부터 적용

SECTION 08
양도소득세 계산시 주의할 사항
양도소득세 세금 절세

양도소득 계산시 주의할 사항

Q 하나의 계약으로 2건 이상 물건을 양도하는 경우

양도가액 안분

하나의 계약으로 양도가액을 확정하고, 양도계약서를 작성하는 경우로서 2개 이상의 부동산(2필지 이상의 토지를 양도하면서 필지별 개별공시지가가 다른 경우 포함)을 동시에 양도하는 경우 각각의 부동산 또는 필지별로 양도가액을 구분하여 계산하여야 하며, 이 경우 실지 거래가액이 **불분명한 경우** 양도 당시 양도가액에 양도 물건별 개별공시지가(토지), 개별주택가격 및 공동주택가격(주택), 국세청 기준시가에 의한 가액으로 안분하여 계산하여야 한다.

가. 토지 : 개별공시지가 (국토해양부 → 부동산공시가격알리미)

나. 건물 : 홈택스 → 조회/발급 → 기타조회
건물(다목 및 라목에 해당하는 건물은 제외한다)의 신축가격, 구조, 용

도, 위치, 신축연도 등을 고려하여 매년 1회 이상 국세청장이 산정·고시하는 가액

다. 오피스텔 및 상업용 건물 : 홈택스 → 조회/발급 → 기타조회
국세청장이 토지와 건물에 대하여 일괄하여 산정·고시하는 가액

라. 주택
개별주택가격 및 공동주택가격 (국토해양부 → 부동산공시가격알리미)

매매계약서에 토지 및 건물가액이 구분기재 되었다하더라도 불분명한 것으로 보는 경우

토지와 건물 등을 함께 취득하거나 양도한 경우로서 그 토지와 건물 등을 구분 기장한 가액이 기준시가 등에 의하여 안분계산한 가액과 100분의 30 이상 차이가 있는 경우에는 토지와 건물 등의 가액 구분이 불분명한 때로 보아 공시지가 및 기준시가 등으로 안분하여야 한다. [소득세법 제100조 ②, ③]

감정평가액으로 안분계산하여야 하는 경우

토지·건물 및 부동산을 취득할 수 있는 권리의 양도로 실지거래가액에 의한 양도차익을 계산함에 있어 취득당시의 실지거래가액을 인정 또는 확인할 수 없는 경우에는 **매매사례가액, 감정가액, 환산가액을 순차적으로 적용한 금액**으로 하는 것으로서 공급시기가 속하는 과세기간의 직전 과세기간 개시일부터 공급시기가 속하는 과세기간의 종료일까지 감정평가업자가 평가한 감정평가가액이 있는 경우에는 그 가액에 비례하여 안분 계산한 금액으로 하여야 한다. [소득세법 시행령 제166조 ⑥, 부가가치세법 시행령 제64조]

취득가액 안분

하나의 계약으로 양도가액을 확정하고, 양도계약서를 작성하는 경우로서 2개 이상의 부동산을 동시에 양도하는 경우 각각의 부동산 또는 필지별로 취득가액을 구분하여 계산하여야 하며, 실지 거래가액이 불분명한 경우 취득가액에 취득 물건별 개별공시지가(토지), 개별주택가격 및 공동주택가격(주택), 국세청 기준시가에 의한 가액으로 안분하여 계산하여야 한다.

사업자가 사업용 부동산을 양도하는 경우

개인이 사업용 또는 부동산임대업 등에 사용하던 토지, 건물 등 양도소득세 과세대상 사업용고정자산을 양도하는 경우 그 처분손익은 개인사업자의 사업소득에 포함하지 아니하고, 별도로 양도소득세를 신고 및 납부하여야 한다.

반면, 법인은 사업에 사용하던 토지, 건물 등을 양도하는 경우 발생하는 처분손익은 법인의 소득에 포함하게 되므로 양도소득세 신고 및 납부대상이 아니다.

감가상각비를 사업소득 필요경비에 산입한 경우

개인사업자의 경우 사업에 사용한 건물에 대하여 매 년 건물의 가치 감소분을 감가상각비로 계상하여 사업소득의 필요경비에 산입할 수 있다. 이 경우 감가상각비로 사업소득의 필요경비에 산입한 금액은 양도소득세 신고시 취득가액에서 차감하여야 함에도 취득가액에서 차감하지 않은 경우 관할 세무서는 사업소득의 감가상각비로 계상한 금액을 양도소득 필요경비에서 부인하여 과소납부한 양도소득세를 추징하게 되므로 주의를 하여야 한다.

🅠 양도소득 부당행위계산부인(저가 또는 고가양도)

조세 부담을 부당하게 감소시킨 것으로 인정되는 경우

조세 부담을 부당하게 감소시킨 것으로 인정되는 경우란 특수관계인으로부터 시가보다 높은 가격으로 자산을 매입하거나 특수관계인에게 시가보다 낮은 가격으로 자산을 양도한 경우로 하되, 시가와 거래가액의 차액이 **3억원 이상**이거나 **시가의 100분의 5**에 상당하는 금액 이상인 경우만 해당한다. [소득세법 시행령 제98조]

■ 특수관계인 (「국세기본법 시행령」 제1조의2제1항)
1. 6촌 이내의 혈족
2. 4촌 이내의 인척
3. 배우자(사실상의 혼인관계에 있는 자를 포함한다)
4. 친생자로서 다른 사람에게 친양자 입양된 자 및 그 배우자·직계비속

직계존비속, 배우자간 양도시 주의사항

상속세및증여세법 제44조의 규정에 의하여 배우자 또는 직계존비속에게 양도한 재산은 증여추정 규정에 의하여 증여한 것으로 추정될 수 있으므로 각별히 유의하여야 한다. 다만, 자녀가 부모에게 대가를 지급하고 취득한 사실이 명백히 인정되는 경우로서

1) 당해 재산의 취득을 위하여 이미 과세받았거나 신고한 소득금액 또는 상속 및 수증재산의 가액으로 그 대가를 지급 또는
2) 당해 재산의 취득을 위하여 소유재산을 처분한 금액으로 그 대가를 지급한 사실이 입증되는 경우에는 증여로 추정하지 아니하고 양도거래로 보는 것이나 이는 관할세무서장이 사실관계를 확인하여 판단할 사항이다.

양도소득세 등 세금절세 전략

🅠 합법적인 절세

절세란 세법을 정확히 이해하여 비과세를 받거나 양도시기를 조정하여 장기보유특별공제를 더 받을 수 있도록 조정하고, 감면내용을 잘 파악하여 감면을 받는 것과 세법을 잘 몰라 세금을 추징당하지 않는 것으로 그 주요 내용은 다음과 같으며, 자세한 내용은 해당 장을 참고한다.

▶ **함께 거주하지 않는 부모님은 양도전 세대분리**
1주택을 보유한 거주자의 부모님이 소유한 주택이 있음에도 거주자와 주민등록이 같이 되어 있는 경우 1세대에 포함하게 되어 1세대 1주택 비과세를 적용받을 수 없다. 따라서 이 경우 주택 양도전 부모님을 세대분리하면, 1세대 1주택 비과세를 적용받을 수 있다.

▶ **1세대 1주택자는 2년 이상 보유**
1세대 1주택은 2년 이상 보유하여야 비과세를 적용받을 수 있다. 단, 2017년 8월 3일 이후 조정대상지역에 소재한 주택을 취득하거나 새로 조정대상지역으로 지정이 된 경우 2년 이상 거주하여야 비과세를 적용받을 수 있다. <1세대 1주택 양도소득세 비과세 편 참조>

▶ **주거기능을 상실한 주택은 멸실처리**
1세대 1주택 판정은 양도 당시 주택수를 기준으로 하므로 1주택외에 농어촌주택 등 노후주택을 보유한 경우 노후주택을 멸실한 후 1주택을 양도하는 경우 1세대 1주택 비과세를 적용받을 수 있다.
<1세대 1주택 → 주택의 범위 참조>

▶ 1주택자의 보유기간이 2년 미만일 때
1주택자가 보유기간이 2년 미만인 주택을 양도하는 경우 1세대 1주택 비과세를 적용할 수 없으므로 잔금청산일을 조정하여 2년 이상이 되도록 하면, 1세대 1주택 비과세를 적용받을 수 있다.

▶ 부동산을 배우자에게 증여하고 5년 후 양도
주택을 배우자로부터 증여(6억원 이하 증여세 면제)받은 후 5년 이내 양도하는 경우 양도차익은 양도가액에서 증여한 자의 해당 자산 취득가액으로 계산하게 되며, 5년 이후 양도하는 경우에는 증여 당시 시가를 취득가액으로 하게 되므로 5년 이후 양도하는 것이 세금을 절세할 수 있다. 예를 들어 본인이 2억원에 취득한 주택 가격이 대폭상승하여 6억원이 된 이후 양도하게 되면, 양도차익이 4억원이 될 것이나 배우자에게 증여를 하고, 증여일로부터 5년이 지난 후 양도하게 되면, 양도가액에서 증여 당시의 시가인 6억원이 취득가액이 되므로 양도소득세를 대폭 줄일 수 있다.

▶ 장기보유특별공제 최대한 적용받기
3년 이상 보유한 주택을 양도하는 경우 보유기간에 따라 양도차익의 6% ~ 30%(1세대 1주택자의 경우 12% ~ 80%)를 공제받을 수 있으므로 몇 일 차이로 연도가 모자라는 경우 잔금청산일을 조정하여 최대한 공제를 받을 수 있도록 한다.

▶ 다주택자는 임대사업자등록을 통해 절세
거주주택외의 주택(다세대주택, 다가구주택, 상가겸용주택)을 장기임대주택사업자로 등록하는 경우 거주주택에서 2년 이상 거주하는 경우 거주주택은 1세대 1주택 비과세를 적용받을 수 있다. 단, 아파트는 2020.7.11. 이후 장기임대주택이 폐지되어 세제혜택을 받을 수 없다.

▶ 비사업용 토지의 사업용 전환

비사업용 토지를 양도하는 경우 10%가 추가 과세되므로 해당 장을 참고하여 사업용 전환 여부를 검토하여야 한다.

▶ 다수의 부동산을 양도하는 경우 양도시기 분산하기

한 해 동안 2건 이상의 부동산을 양도하는 경우 모든 부동산소득을 합산하여 확정신고를 하여야 하며, 이 경우 양도소득세 부담이 증가할 수 있으므로 잔금청산일 등을 조정하여 가능한 한 해 동안 2건 이상의 부동산을 양도하지 않는 것이 세금 측면에서 유리하다.

▶ 상가겸용주택은 주택부분을 크게 하여 신축

상가겸용주택의 경우 주택부분의 면적이 상가보다 큰 경우 전체를 주택으로 보므로 겸용주택외 다른 주택이 없는 경우 1세대 1주택 비과세를 적용받을 수 있다. 따라서 상가 신축시 이를 고려하여 주택의 면적이 넓도록 하여야 세금을 절세할 수 있다.

▶ 상가로 사용하는 공부상 주택의 양도

주택을 2년 이상 주택으로 사용하다 상가로 용도변경하여 사용하였으나 해당 상가 양도전 다시 주택으로 용도변경하고, 양도 당시 다른 주택이 없는 경우 1세대 1주택 비과세를 적용받을 수 있다.

▶ 주택으로 보는 겸용주택의 공용면적

주택과 상가의 면적이 동일한 경우로서 다른 주택이 없는 경우 주택부분만 1세대 1주택을 적용받을 수 있으므로 이 경우 공용부분의 일부를 주택용도로 전환하면, 1세대 1주택 비과세 적용을 받을 수 있다. 다만, 용도 변경 후 2년이 경과되어야 전체 건물에 대하여 1세대 1주택 적용을 받을 수 있으므로 유의하여야 한다.

🅠 특정 기간 중 미분양주택, 신축주택 취득 감면

미분양아파트의 과도한 발생 및 주택 경기 침체시 대책
정부는 주택 가격이 급격하게 상승할 때는 주택가격을 안정시키기 위하여 양도소득세 세율을 높이거나 주택담보대출을 제한하고, 비과세 요건 등을 축소하는 등 각종 대책을 수립하게 된다. 최근의 각종 부동산대책은 대부분 주택시장의 안정화를 위한 내용이다.

반대로 주택 가격이 하락하고 미분양이 늘면서 건설 경기가 침체될 때에는 대출 규제를 완화하고 세금을 감면하는 등 각종 혜택을 주는 대책이 수립되기도 한다. 과거 미분양 아파트가 과다하게 발생하거나 부동산경기가 침체된 시점에 미분양아파트 또는 신축주택을 취득한 경우 조세특례제한법에서 양도소득세를 감면하여 준 내용은 다음과 같으며, 부동산 양도시 해당 주택이 감면대상 주택인지 여부를 확인하여 감면혜택을 놓치지 않도록 주의하여야 한다.

감면대상주택이나 감면혜택을 받지 못한 경우
감면대상주택임에도 착오 또는 법을 잘 몰라서 감면을 받지 못한 경우에는 법정신고기한이 지난 후 5년 이내에 관할 세무서장에게 청구할 수 있으므로 이 경우 경정청구를 하여 잘못 납부한 세금을 돌려받으면 된다. (국세기본법 제제45조의2)

감면시 유의사항
1) 다음 요약표는 주택 양도시 감면대상 여부를 판단하는데 도움이 되도록 관련 법령의 일부만을 발췌한 내용이므로 실제 감면 적용시에는 반드시 해당 법령(조세특례제한법 및 조세특례제한법 시행령)을 꼼꼼히 살펴보고, 세무적문제가 발생하지 않도록 하여야 한다.

2) 조세특례제한법에 의하여 양도소득세를 감면받은 경우 농어촌특별세법에 의하여 감면세액의 20%를 농어촌특별세로 납부하여야 한다

▣ 미분양주택등을 취득한 경우 양도소득세 감면 등

구 분	미분양주택에 대한 과세특례	지방 미분양주택에 대한 양도세 과세특례
해당 법령	조특법 98조	조특법 98조의 2
적용대상 기간 (계약금 납부 포함)	95.11.01~97.12.31. 98.03.01~98.12.31.	08.11.03.~10.12.31.
대상미분양주택	■ 95.10.31.현재 미분양주택 ■ 98.02.28.현재 미분양주택	■ 08.11.02. 현재 미분양주택 ■ 08.11.03. 신규분양주택
지역 제한	서울특별시 외 소재	수도권 밖
규모 제한	국민주택규모 이하	제한 없음
가액 제한	제한 없음	제한 없음
보유/임대 요건	5년 이상 보유/임대	제한 없음
세율 특례	양도세율 20%와 소득세율 비교과세	보유기간에 상관없이 누진세율
장기보유특별공제	특례 없음	주택수 상관없이 1세대 1주택 표2, (최대 80%) 공제율 적용
1세대 1주택 주택수	제외	제외
중과세	배제	배제
미분양 증명서류	시장군수 등이 발행한 미분양주택확인서	분양계약서에 미분양주택 확인 날인

[중과세] 조세특례제한법에 의한 과세특례가 적용되어 감면을 받은 주택의 경우 조정대상지역의 주택이라도 중과세되지 않으며, 중과세되지 않는 경우 장기보유특별공제를 받을 수 있다. 다만, 중과세대상판단기준이 되는 주택수에는 포함하여야 한다.

[1세대 1주택 주택수] 1세대 1주택 판정시 일부 감면주택은 주택수에 포함하지 아니한다. 예를 들어 감면 주택을 취득해서 보유하던 중 다른 주택을 한 채 더 매입해 2주택자가 된 이후. 다른 주택을 먼저 파는 경우 감면주택은 주택 수에 포함되지 아니하므로 1세대 1주택 비과세를 적용을 받을 수 있다.

구 분		미분양취득자에 대한 양도세 과세특례	수도권 밖의 지역의 미분양주택 과세특례
해당 법령		조특법 98조의 3	조특법 98조의 5
적용대상 기간		09.2.12.~10.2.11 (계약금 납부 포함)	10.5.14.~11.4.30 (계약금 납부 포함)
대상미분양주택		■ 09.2.11. 현재 미분양주택 ■ 09.2.12. 이후 신규분양주택 ■ 20호 미만 주택건설사업자 공급 주택	■ 10.2.11. 현재 미분양주택
지역 제한		서울특별시 외 소재 (투기지역 제외)	수도권 밖
규모 제한		수도권과밀억제권역 안은 대지면적 660㎡, 주택149㎡ 이하	제한 없음
세율 적용		보유기간에 상관없이 누진세율	보유기간에 상관없이 누진세율
감면	취득일로부터 5년 이내 양도	100% 감면 (과밀억제권 60%)	분양가액 인하율에 따라 60%~100% 감면
	취득일로부터 5년 이후 양도	5년간 발생한 양도소득금액(과밀억제권 60%) 차감	취득 후 5년간 발생한 양도소득금액의 60%~100% 차감
1세대 1주택 주택수		제외	제외
중과세		배제	배제
미분양 증명서류		분양계약서에 미분양주택 확인 날인	분양계약서에 미분양주택 확인 날인

구 분		미분양주택 양도소득세의 과세특례	준공후미분양주택 양도소득세 과세특례
해당 법령		제98조의7	제98조의8
적용대상 기간		12.9.24.~12.12.31 (매매계약 체결)	15.1.1.~15.12.31 (매매계약 체결)
대상미분양주택		12.9.24. 현재 미분양주택	14.12.31. 현재 미분양주택으로서 15.1.1. 이후 선착순 분양
규모 제한		없음	주택135㎡ 이하
가액 제한		9억원 이하	6억원 이하
보유/임대 요건		없음	5년 임대
감면	취득일로부터 5년 이내 양도	100% 감면	
	취득일로부터 5년 이후 양도	5년간 발생한 양도스득금액 차감	5년간 발생한 양도스득금액의 50%차감
1세대 1주택 주택수		제외	제외
중과세		배제	배제
미분양 증명서류		분양계약서에 미분양주택 확인 날인	분양계약서에 미분양주택 확인 날인

▶ 감면대상 소득 (조특법 시행령 제40조)

$$감면대상소득 = \frac{양도차익(취득 후 5년 시점 기준시가 - 취득 당기 기준시가)}{(양도시점 기준시가 - 취득당시 기준시가)}$$

▶ 미분양주택

주택을 공급하는 사업주체가 공급하는 주택으로서 해당 사업주체가 입주자모집공고에 따른 입주자의 계약일이 지난 주택단지에서 2012년 9월 23일까지 분양계약이 체결되지 아니하여 선착순의 방법으로 공급하는 주택을 말한다.

■ 신축주택등을 취득한 경우 양도소득세 감면 등

구 분		신축주택 양도소득세의 감면	신축주택등 양도소득세의 과세특례
해당 법령		제99조	제99조의2
대상 주택		신축주택	신축 및 미분양주택
적용대상 기간		98.5.22.~ 99.06.30 (국민주택) 98.5.22.~ 99.12.31 - 계약금 납부 포함	13.04.01.~ 13.12.31. 기간 중 매매계약 체결
지역 제한		없음	없음
감면 대상			6억원 이하이거나 85㎡ 이하인 경우
감면	취득일로부터 5년 이내 양도	취득한 날부터 양도일까지 발생한 양도소득금액을 양도소득세 과세대상소득금액에서 차감	취득한 날부터 양도일까지 발생한 양도소득금액을 양도소득세 과세대상소득금액에서 차감
	취득일로부터 5년 이후 양도	신축주택을 취득한 날부터 5년간 발생한 양도소득금액을 양도소득세 과세대상소득금액에서 차감	신축주택을 취득한 날부터 5년간 발생한 양도소득금액을 양도소득세 과세대상소득금액에서 차감
1세대 1주택 주택수		07.12.31.까지 제외	제외
중과세		배제	배제
감면주택 확인(시군구)		-	확인을 받아야 함

◆ 양도 사전-2017-법령해석재산-0564, 2017.12.14

거주자가「조세특례제한법」제99조의2 및 같은 법 시행령 제99조의2제12항에 따라 감면대상주택임을 확인받지 못한 경우에는 같은 법 제99조의2에 따른 감면을 적용받을 수 없는 것임

SECTION 09

비사업용 토지 양도소득세 중과

비사업용 토지란 사업에 사용하지 않은 토지로 나대지, 직접 경작하지 않는 농지 등이 해당하며, 비사업용토지 양도시에는 양도소득세 세율이 중과(세율 10% 추가)되는 불이익이 있다. 따라서 비사업용토지의 경우 주차장 등 사업용으로 전환하여 절세할 수 있는 방법 등을 검토하여야 한다.

비사업용토지 양도소득세 10% 중과세

비사업용 토지란 사업용 토지에 해당하지 않는 토지로서 비사업용 토지에 해당하는 토지를 양도하는 경우 사업용 토지의 양도시 적용되는 세율에 10%를 가산하여 양도소득세를 납부하여야 한다.

비사업용 토지라도 보유기간이 3년 이상인 경우 장기보유특별공제를 받을 수 있으며, 세법 개정과정을 거쳐 2017년 1월 1일 이후 장기보유특별공제 보유기간 기산일은 취득일부터로 한다.

비사업용 토지 종류

재산세 종합합산 과세대상 토지

나대지, 잡종지 등 재산세 종합합산 과세대상 토지는 비사업용 토지에 해당한다. 단, 재산세가 비과세되거나 면제되는 토지, 재산세 별도합산과세대상 또는 분리과세대상이 되는 토지는 사업용 토지에 해당한다.(소득세법 제104조의3)

한편, 재산세 종합합산과세대상 토지 중 주차장, 하치장, 야적장 등 특정한 용도로 사용하거나 하치장, 야적장 등으로 임대하는 경우 사업용에 해당한다. [소득세법 시행령 제168조의11]

다만, 이러한 용도로 사용하였는지 여부는 사실 판단할 문제가 있고, 납세자와 과세당국의 입장 차이로 인하여 납세자가 사업용으로 보아 추가 세율을 적용하지 아니하고 양도소득세를 신고 및 납부한 경우로서 그 근거가 불충분한 경우 세금을 추징당하는 사례가 빈번히 발생하므로 양도소득세 신고 전 세무공무원이 납득할 만한 근거를 구비하여 문제가 발생하지 않도록 주의를 하여야 할 것이다.

☐ **재산세가 별도합산 또는 분리과세대상인 기간 동안은 비사업용 토지에서 제외되는 것임 (법규재산2012-321, 2012.10.05.)**
농지, 임야, 목장용지 외의 토지가 「지방세법」제182조제1항제2호 및 제3호의 규정에 의하여 재산세가 별도합산 또는 분리과세대상이 되는 토지인 경우 「소득세법」제104조의3제1항제4호나목 규정에 따라 재산세가 별도합산 또는 분리과세대상인 기간 동안은 비사업용 토지에서 제외되는 것임

재촌하지 아니하는 자가 소유하는 농지

농지 소재지에 거주하지 아니하거나 자기가 경작하지 아니하는 농지 또는 시 이상 주거·상업·공업지역에 소재하는 재촌·자경 농지

재촌하지 아니하는 자가 소유하는 임야

재촌하지 않는 거주자가 소유하는 임야는 비사업용에 해당한다.

주택부속토지 중 일정한 기준을 초과하는 토지

주택부속토지 중 주택이 정착된 면적에 지역별로 정하는 배율(도시지역 내의 토지: 5배, 그 밖의 토지: 10배)을 곱하여 산정한 면적을 초과하는 토지는 비사업용토지에 해당한다.

▶ **비사업용 토지의 판정**

해당 토지를 소유하는 기간 중 아래 (1)의 기간 기준 동안 (2)의 대상토지 기준에 해당하는 토지를 말한다.

(1) 기간 기준 → 소유기간 중 일정기간 비사업용으로 사용되는 토지
◎ 다음의 요건 중 하나를 충족하는 경우에는 비사업용 토지가 아닌 것으로 본다. (소득세법 제168조의6)
(소유기간이 5년 이상인 경우 기준, 소득세법 시행령 제168조의 6)
① 양도일 직전 3년 중 2년 이상을 사업용으로 사용한 토지
② 양도일 직전 5년 중 3년 이상을 사업용으로 사용한 토지
③ 소유기간 중 60% 이상을 사업용으로 사용한 토지
▶ 소유기간이 3년 이상 5년 미만인 경우 ②의 '5년'을 '소유기간'으로, 소유기간이 3년 미만인 경우에 ①의 '3년'을 '소유기간'으로 하고, 소유기간이 2년 미만인 경우에는 ③만 적용

(2) 대상토지 기준 → 다음 중 하나에 해당되는 토지
• 재촌·자경하지 아니하는 농지

- 녹지지역과 개발제한구역을 제외한 도시지역 (광역시의 군, 시의 읍·면지역 제외)에 있는 농지
- 다만 농지법이나 그 밖의 법률에 의해 소유 가능한 농지는 제외
- 임야 : 아래에 열거한 것을 제외한 모든 임야
㉠ 공익을 위하여 필요하거나 산림의 보호·육성을 위하여 필요한 임야
㉡ 임야 소재지에 주민등록이 되어 있고 거주하는 자가 소유한 임야
㉢ 거주 또는 사업과 직접 관련이 있다고 인정할 만한 상당한 이유가 있는 것으로 법령에서 열거한 임야
- 목장용지
㉠ 축산업을 경영하는 자의 소유로서 기준면적을 초과하거나 도시지역 (녹지지역, 개발제한 구역 제외)에 있는 토지
㉡ 축산업을 경영하지 아니하는 자가 소유하는 토지
- 그 밖의 토지 : **재산세 종합합산과세대상 토지로 건축물이 없는 나대지, 잡종지 등의 토지**
- 다만, 토지의 이용 상황, 수입금액 등을 고려하여 사업과 직접 관련이 있다고 인정할 만한 이유가 있는 것으로 법령에서 열거한 토지는 제외
- 주택 부속토지 : 주택 정착 면적의 5배 (도시지역 밖은 10배)를 초과하는 토지

비사업용에서 제외되는 토지

비사업용 토지를 양도하는 경우 10%의 가산세율을 추가로 납부하여야 하므로 비사업용토지 양도전 사업용 토지로 전환할 수 있는 지 여부를 검토하여 사업용으로 전환이 가능한 경우 전환하여 세금을 절세할 수 있도록 한다. 단, 사업용으로 사용한 기간이 기준 기간 이상이여야 하는 점을 유의하여야 한다.

주차장법에 따른 부설주차장 및 주차장운영업용 토지

1) 「주차장법」에 따른 부설주차장(주택의 부설주차장은 제외)으로서 부설주차장 설치기준면적 이내의 토지
2) 주차장운영업을 영위하는 자가 소유하고, 「주차장법」에 따른 노외주차장으로 사용하는 토지로서 토지의 가액(기준시가)에 대한 1년간의 수입금액의 비율이 **100분의 3** 이상인 토지

하치장용 등의 토지

물품의 보관·관리를 위하여 별도로 설치·사용되는 하치장·야적장·적치장 등으로서 매년 물품의 보관·관리에 사용된 최대면적의 100분의 120 이내의 토지

무주택자가 소유하고 있는 주택 신축용 토지

주택을 소유하지 아니하는 1세대가 소유하는 1필지의 나대지로서 법령의 규정에 따라 주택의 신축이 금지 또는 제한되는 지역에 소재하지 아니하고, 그 지목이 대지이거나 실질적으로 주택을 신축할 수 있는 토지로서 660제곱미터 이내에 한한다.

토지 중 비사업용에 해당하지 아니하는 경우

1) 토지를 취득한 후 법령에 따라 사용이 금지 또는 제한된 토지
2) 직계존속 또는 배우자가 8년 이상 토지소재지에 거주하면서 직접 경작한 농지·임야 및 목장용지로서 직계존속 또는 배우자로부터 상속·증여받은 토지 다만, 양도 당시 도시지역(녹지지역 및 개발제한구역은 제외) 안의 토지는 제외한다.
3) 상속에 의하여 취득한 농지로서 그 상속개시일부터 5년 이내에 양도하는 토지
4) 1세대당 1,000㎡ 미만의 주말·체험 영농농지

「농지법」 제6조 제2항 제3호의 주말·체험 영농농지를 소유한 경우에는 재촌자경하지 않았더라도 그 기간동안은 사업용기간으로 본다. 다만, 시 이상지역의 주거,상업,공업지역에 소재하는 농지는 비사업용토지에 해당한다. [소득세법 제104조의3, 시행령 제168조의14]

비사업용 토지의 장기보유특별공제 및 세율

비사업용토지 장기보유특별공제

2017.1.1.이후 양도하는 분부터 비사업용 토지에 해당하는 경우에도 장기보유특별공제 기간 계산시 취득일부터 계산한다.

비사업용토지 세율(다음 세율 중 가장 큰 세율)

1) 1년 미만 : 50%
2) 1년 이상 : 2년 미만 40%
3) 2년 이상 : 기본세율(6% ~ 45%) + 10%(지정지역 20%)
- 지정지역(기획재정부 홈페이지 → 정책 → 정책게시판)

▶ 2009. 3. 16.부터 2012. 12. 31. 까지 취득한 자산

2009. 3. 16. 부터 2012. 12. 31. 까지 취득한 자산은 10% 추가세율이 적용되지 않는다.

■ 2021.3.29. 부동산 투기 방지 대책 → 세법 개정하지 않음

부동산 투기로 여러 가지 사회적인 문제가 발생함에 따라 2021.3.29. 대책에서 2022. 1. 1. 이후 사업용 토지(양도세 중과세율 배제) 범위를 축소하는 한편, 비사업용 토지 양도시 중과세율 인상(+10 → +20%p) 및 장기보유특별공제 적용을 배제하고, 주말농장용 농지를 사업용 토지에서 제외하려고 하였으나 입법과정에서 보류되었다.

▶ 비사업용토지 기본세율

과세표준	세율
1,200만원 이하	16퍼센트
1,200만원 초과 4,600만원 이하	192만원 + (1,200만원 초과액 × 25퍼센트)
4,600만원 초과 8,800만원 이하	1,042만원 + (4,600만원 초과액 × 34퍼센트)
8천800만원 초과 1억5천만원 이하	2,470만원 + (8,800만원 초과액 × 45퍼센트)
1억5천만원 초과 3억원 이하	5,260만원 + (1억5천만원 초과액 × 48퍼센트)
3억원 초과 5억원 이하	1억2,460만원 + (3억원 초과액 × 50퍼센트)
5억원 초과 10억원 이하	2억2,460만원 + (5억원 초과액 × 52퍼센트)
10억원 초과	4억8,460만원 + (10억원 초과액 × 55퍼센트)

동일한 과세기간에 비사업용토지 및 사업용토지를 양도한 경우 양도소득세 세율

동일한 과세기간에 둘 이상의 자산을 양도하는 경우에는 해당 과세기간의 양도소득과세표준의 합계액에 대하여 기본세율(6% ~ 45%)을 적용한 양도소득산출세액과 자산별 양도소득 산출세액(소득세법 제104조 제1항부터 제4항까지의 규정을 적용) 합계액 중 큰 금액을 양도소득 산출세액으로 하여야 한다. [소득세법 제104조 ⑤]

한편, 한 필지의 토지가 비사업용 토지와 그 외의 토지로 구분되는 경우에는 각각을 별개의 자산으로 보아 양도소득세액을 계산한다.

▶ [비교 과세] MAX(①, ②)
① 세율이 동일한 자산별로 양도소득금액을 합산하여 계산한 세액
② (모든 자산의 양도소득금액 합계액 - 기본공제) × 기본세율

SECTION 10
장기일반민간임대주택 세제 혜택, 아파트 배제

주택을 임대하면서 시·군·구청에 주택임대사업자로 등록하고, 세무서에 임대사업자로 등록하여 일정 기간 이상 임대하는 주택의 경우 임대소득에 대한 소득세 경감, 종합부동산세 합산 배제, 양도소득세 신고시 별도의 장기보유특별공제, 조정대상지역 중과세 기준이 되는 주택수 제외, 거주주택에 대한 1세대 1주택 비과세 특례 등 각종 세제 혜택을 부여하였다.

그러나 최근 아파트 가격 폭등으로 인한 정부 정책 변경으로 (매입)아파트는 2020.8.18. 이후 시·군·구청에 장기임대주택으로 등록할 수 없으며, 세법에서는 아파트에 대하여 2020.7.11. 이후 세제 지원을 폐지함으로서 아파트는 임대등록으로 더 이상 세금 혜택을 받을 수 없게 되었다. 단, 아파트를 제외한 단독주택, 오피스텔, 다세대주택(빌라 등), 겸용주택의 경우 임대등록을 하는 경우 각종 세금혜택이 있다.

본서에서는 주택 임대와 관련한 개요만 수록하였으므로 자세한 내용은 **경영정보사에서 발간한 부동산임대 세무실무** 또는 국세청에서 발간한 주택과 세금 책자를 구입하여 참고하시기 바랍니다.

장기일반민간임대주택 세금 혜택 개요

임대주택 취득세 또는 재산세 감면 요약표

구 분		40㎡ 이하	40~60㎡	60~85㎡
취득세	공 통	공동주택 건축·분양 또는 주거용 오피스텔 분양시		
	4년 단기	1호 이상 임대시 감면 (취득세액		-
	8년,10년	200만원 초과시 85% 감면)		50% 감면(20호↑)
재산세	공 통	2호 이상 임대시 감면		
		공동주택 건축·매입 또는 주거용 오피스텔 매입시		
	4년 단기	면제 (50만원	50% 감면	25% 감면
	8년,10년	초과시 85% 감면)	75% 감면	50% 감면

▶ 8년, 10년 → 2020.8.18. 이후 임대등록하는 경우 10년 이상

장기일반민간임대주택 장기보유특별공제, 양도소득세 경감

관련 법령	임대기간	감면내용
조특법 제97조의4	6년 이상	장기보유특별공제율 추가 공제
조특법 제97조의3	8년 이상	장기보유특별공제율 : 50%
	10년 이상	장기보유특별공제율 : 70%
조특법 제97조의5	10년 이상	양도소득세 100% 감면

▶ 양도소득세 100% 감면 → 2015. 1. 1.부터 2018. 12. 31. 까지 매매 등으로 소유권을 취득하여 10년 이상 임대한 장기임대주택에 한함

▶ 임대주택의 임대기간 및 세금 감면 요약

구분	임대기간	감면 등 종류	비 고
1	6년 이상	장기보유특별공제율 추가(2 ~ 10%)	2018.3.31. 이전 등록
2	8년 이상	장기보유특별공제율 50%	1 배제
3	10년 이상	장기보유특별공제율 70%	1, 2 배제

장기임대주택의 거주주택 비과세특례

장기임대주택과 그 밖의 1주택을 국내에 소유하고 있는 1세대가 제1호와 제2호의 요건을 충족하고 해당 1주택(거주주택)을 양도하는 경우에는 국내에 1개의 주택을 소유하고 있는 것으로 보아 1세대 1주택 비과세를 적용한다.

1. 거주주택 : 2년 이상 보유기간 중 **거주기간이 2년 이상**일 것
2. 장기임대주택 : **양도일 현재** 사업자등록을 하고, 장기임대주택을 민간임대주택으로 등록하여 **임대**하고 있으며, 임대보증금 또는 임대료의 증가율이 2019.2.12. 이후 100분의 5를 초과하지 않을 것.

① 2018.9.13. 이전에 장기임대주택으로 등록한 주택
임대개시일 당시 주택의 기준시가가 6억원(비수도권 3억원 이하) 이하인 장기임대주택으로서 아래 요건을 충족하는 장기임대주택
1. 2018.9.13. 이전에 주택을 취득하여 장기일반민간임대주택등으로 등록하여 **8년 이상** 임대한 주택
2. 2018.3.31.까지 등록한 경우 **5년 이상** 임대한 주택으로 함

② 장기임대주택 (소득세법 시행령 제167조의3 ① 2 마)
민간매입임대주택 중 장기일반민간임대주택등으로 8년 이상[2020.8.18. 이후 임대등록한 주택 → **10년 이상**(2020.7.11. 이후 아파트 제외)] 임대하는 주택으로서 해당 주택 및 이에 부수되는 토지의 기준시가의 합계액이 해당 주택의 임대개시일 당시 6억원(수도권 밖의 지역인 경우에는 3억원)을 초과하지 않는 주택

▶ 아파트 장기임대주택 폐지 및 시행시기
- 소득세법 시행령 → 2020년 7월 11일 이후
- 민간임대주택법 → 2020년 8월 18일 이후

▶ **2021.3.16. 이후 도시형 생활주택의 경우 장기임대등록 가능**
○ 민간임대주택에 관한 특별법 제2조 재5호 개정
5. "장기일반민간임대주택"이란 임대사업자가 공공지원민간임대주택이 아닌 주택을 10년 이상 임대할 목적으로 취득하여 임대하는 민간임대주택[아파트(「주택법」 제2조제20호의 도시형 생활주택이 아닌 것을 말한다)를 임대하는 민간매입임대주택은 제외한다]을 말한다.

▶ **임대주택 등록 연도별 의무임대기간**
1) 2020. 07. 10 이전 등록 → 5년 이상 임대
2) 2020. 07. 11 ~ 2020. 08.17 등록 → 8년 이상 임대
3) 2020. 08. 18 이후 등록 → 10년 이상 임대

▶ **거주주택 요건 (소득세법 시행령 제155조 제20항)**
① 거주주택의 보유기간이 2년 이상
② 거주주택 보유기간 중 세대전원의 거주기간이 2년 이상일 것

□ 양도, 서면-2017-부동산-1012 [부동산납세과-712] , 2017.06.22
장기임대주택을 소유한 1세대가 근무상 형편으로 2년 이상 거주요건을 갖추지 못한 일반주택을 양도할 때에는 비과세 특례를 적용할 수 없음

[개정 세법] 2019.2.12. 이후 장기임대주택 보유의 경우는 최초 거주주택에 대해서만 비과세 (평생 1회로 제한)

▶ **거주주택 비과세 특례 적용 이후 장기임대주택 양도**
거주주택과 장기임대주택을 보유하던 중 보유기간 중 2년 이상 거주한 거주주택을 장기임대주택의 임대의무기간을 충족하기 전에 양도하는 경우에도 1세대 1주택 비과세 특례를 적용받을 수 있다. 단, 거주주택에 대하여 비과세 적용을 받은 후에 임대의무기간요건을

충족하지 못하게 된 때에는 그 사유가 발생한 날이 속하는 달의 말일부터 2개월 이내에 비과세받은 양도소득세를 신고·납부해야 한다. (소득세법 시행령 제155조 제22항)

◆ **장기임대주택 특례와 일시적2주택 특례 중복적용 1세대 1주택 비과세**
거주주택과 임대주택을 보유한 1세대가 대체주택을 취득하고, 거주주택을 양도한 경우 장기임대주택특례와 일시적2주택 특례의 중첩적용이 가능한 것임 (양도 사전-2020-법령해석재산-0320, 2021.01.20.)

▣ **장기임대주택 자진말소 → 거주주택 5년 이내 양도 비과세**
아파트의 경우 민간임대주택법 개정으로 2020년 8월 18일 이후 장기일반민간임대주택에서 제외함으로서 기존의 장기임대주택으로 등록한 사업자는 장기임대주택을 자진말소할 수 있으며, 자진말소 후 **5년내** 거주주택을 양도하는 경우 거주주택 비과세혜택을 받을 수 있다. 단, **거주주택 양도시 임대주택은 임대하고 있어야 하며**, 임대료 증액제한 요건(5%)을 이행하고 있어야 한다.(소득세법 시행령 제155조 제23항)

장기임대주택의 중과세 배제 → 조정대상지역 참조

1) 2018.9.13. 이전에 장기임대주택으로 등록한 경우로서 일정 요건을 충족하는 임대주택을 양도하는 경우 중과세가 배제된다.
2) 1주택 이상자가 **2018.9.13. 이전에 취득**한 주택을 2019.9.14. 이후 장기임대주택으로 시군구 등록 및 세무서에 사업자등록을 하는 경우 중과세대상에서 제외된다. (아파트는 2020.7.11. 이후 등록불가)

▶ **조정지역내 장기임대주택으로 등록하여 중과세를 피할 수 있는 주택**
2018.9.13. 이전에 취득한 주거용 오피스텔, 다가구주택, 다세대주택을 장기임대주택으로 등록하는 주택

소득세 경감 및 종합부동산세 합산 배제

주택임대소득 종합소득세 신고 및 납부

부부합산 2채 이상의 주택(2채의 주택을 보유하고, 월세임대소득이 없는 경우에는 제외)을 보유하고, 주택 임대소득이 있는 경우 종합소득세를 신고 및 납부를 하여야 한다.

▶ 주택임대소득 과세대상 판단 기준

주택수*	과세대상(○)	과세대상(×)
1주택 소유	▶ 기준시가 9억원 초과 주택의 월세 수입 ▶ 국외주택 월세 수입	▶ 기준시가 9억원 이하 국내주택의 월세 수입 ▶ 모든 보증금·전세금
2주택 소유	▶ 모든 월세 수입	▶ 모든 보증금·전세금
3주택 이상 소유	▶ 모든 월세 수입 ▶ 비소형 주택 3채 이상 소유 & 해당 보증금·전세금 합계가 3억원 초과	▶ 소형주택의 보증금·전세금 ▶ 비소형 주택 3채 미만 소유한 경우 보증금·전세금 ▶ 비소형 주택 보증금·전세금 합계 3억원 이하

▶ 주택수는 부부합산 소유주택수 기준임
▶ 소형주택 : 주거의 용도로만 쓰이는 면적이 1호(戶) 또는 1세대당 40제곱미터 이하인 주택으로서 해당 과세기간의 기준시가가 2억원 이하인 주택 (2021년 12월 31일까지 주택 수에 포함하지 아니함)

[개정 세법] 2022. 1.1. 이후 소형주택의 경우에도 주택수에 포함

등록임대주택 소득세 감면 [조세특례제한법 제96조]

임대개시일 당시 기준시가 6억원 이하인 국민주택 규모 이하의 주택을 4년 이상 임대하는 경우 2022년 12월 31일 이전에 끝나는 과세연도까지 해당 임대사업에서 발생한 소득에 대한 소득세의 100분의 30(8년 이상 임대 주택 100분의 75)에 상당하는 세액을 감면한다.

▶ 임대주택에 대한 소득세 감면
- 2020.7.10. 이전 임대등록한 주택 : 임대주택 등록말소시 까지 종전 규정에 의한 세액감면(4년 이상 30%, 8년 이상 75%)
- 2020.7.11. ~ 2020.8.17. 종전 민간임대주택법에 의하여 등록한 장기일반민간임대주택(8년 이상 임대) 중 **아파트** 감면배제
- 2020.8.18. 개정 민간임대주택법에 의하여 등록한 장기일반민간임대주택(10년 이상 임대) 중 **아파트** 감면배제

장기임대주택 종합부동산세 합산 배제

임대개시일 또는 최초로 합산배제신고를 한 연도의 과세기준일의 공시가격이 6억원(수도권 밖 지역 3억원) 이하인 주택으로서 10년 이상 임대하는 장기임대주택은 종합부동산세 과세대상에서 제외한다.

▶ 등록임대주택의 등록시기별 종합부동산세 합산배제(종부령 §3①)
- 2018.3.31. 이전 등록한 5년 이상 임대주택
- 2018.4.01. 이후 등록한 8년 이상 장기임대주택
- 2020.7.11. 이후 등록한 **8년 이상** 장기임대주택(아파트 제외)
- 2020.8.18. 이후 등록한 **10년 이상** 장기임대주택(아파트 제외)

▶ 조정대상지역 임대주택의 종합부동산세 합산 과세
- 2018.9.14. 이후 1세대가 주택을 보유한 상태에서 취득한 조정대상지역에 있는 장기일반매입임대주택
- 2020.7.11. 이후 취득하여 임대하는 아파트

■ 주택임대소득 종합과세, 분리과세 및 세액 계산구조

구 분	종합과세 선택		분리과세 선택	
			종합 과세 대상 소득	분리과세 주택임대소득
주택임대 수입금액	월세 + 간주임대료		해당사항 없음	월세 + 간주임대료
주택임대 필요경비	장부신고	구분 / 필요경비: 실제 지출한 경비		구분 / 필요경비율: 등록 수입금액의 60%
	추계신고	기준·단순경비율에 의한 경비		미등록 수입금액의 50%
소득금액	수입금액 - 필요경비			수입금액 - 필요경비
종합소득 금액	주택임대 소득금액 + 종합과세 대상 다른 소득금액		분리과세주택 임대소득외의 종합과세대상 소득금액	해당사항 없음
소득공제 분리과세 임대소득 기본공제	인적공제 등 각종 소득공제		인적공제 등 각종 소득공제	구분 / 기본공제*: 등록 4백만원 / 미등록 2백만원 * 분리과세 주택임대소득을 제외한 종합소득금액이 2천만원 이하인 경우 공제
과세표준	종합소득금액 - 소득공제		종합소득금액 - 소득공제	주택임대 소득금액 - 기본공제(2백만원, 4백만원)
세율	6~45%		6~45%	14%(단일세율)
산출세액	과세표준×세율		과세표준×세율	과세표준×세율
공제감면 세액	소득세법 및 조특법 상의 각종 공제·감면 * 소형주택 임대사업자 감면 포함		소득세법 및 조특법의 각종 공제감면 * 소형주택 임대감면 제외	소형주택 임대사업자 감면 구분 / 감면율: 단기임대 30% / 장기임대 75%
결정세액	산출세액 - 공제감면세액		산출세액 - 공제감면세액	산출세액 - 감면세액
			종합과세대상 결정세액과 분리과세대상 결정세액 합산하여 신고납부	

아파트 장기일반민간임대주택 폐지

민간임대주택법 개정에 따라 아파트는 2020.8.18. 이후 시.군.구청에 장기임대주택으로 등록할 수 없으며, 세법에서는 아파트에 대하여 2020.7.11. 이후 장기임대등록에 대한 세제 혜택을 폐지함으로서 아파트는 장기임대등록으로 더 이상 세금 혜택을 받을 수 없게 되었다.

단, 민간임대주택법 개정에 따라 폐지되는 임대주택 유형(아파트 장기일반매입임대주택)에 대하여 기존 임대사업자 보호를 위하여 임대등록기간 동안은 임대소득에 대한 소득세 및 임대주택 보유에 대한 종합부동산세 세제혜택을 받을 수 있다.

① 임대소득에 대한 분리과세시 필요경비 우대
② 등록임대주택 중 소형주택에 대한 소득세·법인세 감면(30%, 75%)
③ 등록임대주택에 대한 종합부동산세 비과세
- 임대등록일~자진·자동등록말소일까지 세제혜택 유지

의무임대기간 미충족 임대주택 양도소득세 중과 배제

자진등록말소의 경우 의무임대기간의 1/2 이상 임대한 경우에 한하여 의무임대기간을 충족하지 않고 임대주택을 양도하는 경우로서 임대주택 등록말소 후 **1년내 양도**하는 경우에 한하여 중과 배제

[현행] 임대주택에 대해 조정대상지역 내 다주택자 중과세율(2주택자 + 20%p, 3주택 이상자 + 30%p) 적용 제외

<사례> 조정대상지역 임대주택의 임대등록일과 중과세 여부
1) 2018.3.31. 까지 장기임대주택 등록 및 사업자등록을 한 주택으로서 5년 이상 임대한 주택 → 중과세되지 않음

2) 2018.9.13. 이전에 취득한 주택을 2018.4.1. ~ 2020.8.17. 기간 중 장기임대주택 등록 및 사업자등록을 하고 8년 이상 임대한 주택
→ 중과세되지 않음
3) 아파트는 2018.9.13. 이전에 취득한 경우라도 2020.7.11. 이후에는 임대등록을 할 수 없음
4) 2018.9.14. 이후에 취득한 주택 → 중과세됨

[개정 세법] 2018년 9월 14일 이후 1주택 이상을 보유한 1세대가 조정대상지역내 주택을 신규 취득하여 장기임대주택으로 등록한 경우는 중과세함 (소득세법 시행령 제167조의3 제1항제2호마목)

▶ 조정지역내 장기임대주택으로 등록하여 중과세를 피할 수 있는 주택
2018.9.13. 이전에 취득한 주거용오피스텔, 다가구주택, 다세대주택으로 장기임대주택으로 등록하는 주택

의무임대기간 미충족시에도 거주주택에 대한 1세대 1주택 비과세 적용

자진등록말소의 경우 의무임대기간의 1/2 이상 임대한 경우 자진·자동등록말소로 인해 의무임대기간을 충족하지 않더라도 임대사업자의 거주주택을 임대주택 등록말소 후 **5년내** 양도하는 경우 1세대 1주택 양도세 비과세를 인정

■ 자동말소 또는 자진말소하는 경우 세제혜택 유지 기한 등 요약

1) 양도소득세 중과배제
자진말소 → 1년 이내 양도
자동말소 → 말소 이후 기간 관계 없이 중과 배제

2) 종합부동산세 과세 → 말소 이후 과세
지진말소 또는 자동말소 이전의 종합부동산세는 납부하지 않음

3) 거주주택 비과세 → 말소일 기준 5년 이내 양도

◆ 장기임대주택 자진말소 또는 자동말소 후 거주주택 특례요건 준수 여부
(양도, 서면-2021-부동산-3532 [부동산납세과-234], 2022.02.08.)
[요 지] 소득령§155㉓과 같이 장기임대주택이 자진·자동말소된 이후 특례요건을 준수하지 않더라도 5년 이내 거주주택을 양도하는 경우, 소득령§155⑳에 따른 특례 적용 가능
[회 신] 귀 질의의 경우, 기존 해석사례인 "기획재정부 재산세제과-151, 2022.01.24."를 참고하시기 바랍니다.

○ 기획재정부 재산세제과-151, 2022.01.24.
[질의내용] 소득세법 시행령 제155조제23항에 따라 장기임대주택이 자진말소 또는 자동말소 후 5년 이내

(질의1) 장기임대주택에 전입·거주하여 장기임대주택을 임대하고 있지 않는 상태에서 거주주택을 양도하는 경우, 소득령§155⑳(이하 "쟁점특례")이 적용 가능한지 여부
(제1안) 쟁점특례 적용 불가능
(제2안) 쟁점특례 적용 가능

(질의2) 거주주택 양도일까지 장기임대주택의 임대료 증액상한(5%)을 준수하지 않아도 쟁점특례가 적용 가능한지 여부
(제1안) 쟁점특례 적용 불가능
(제2안) 쟁점특례 적용 가능

(질의3) 거주주택 양도일까지 장기임대주택의 세무서 사업자등록을 유지하지 않은 경우 쟁점특례가 적용가능한지 여부

(제1안) 쟁점특례 적용 불가능
(제2안) 쟁점특례 적용 가능

[회신] 귀 질의에 대하여 쟁점 1,2,3 모두 각각 **제2안이 타당합니다.**
[관련법령] 소득세법 시행령 제155조【1세대 1주택의 특례】

1. 사실관계
- 일반 2주택(A,B) 상태에서 2015.9월 A주택을 임대사업자등록
- 2020.10월 A주택 자동말소
- A주택 자동말소일로부터 5년 이내에 2년 이상 거주한 B주택을 양도할 예정임

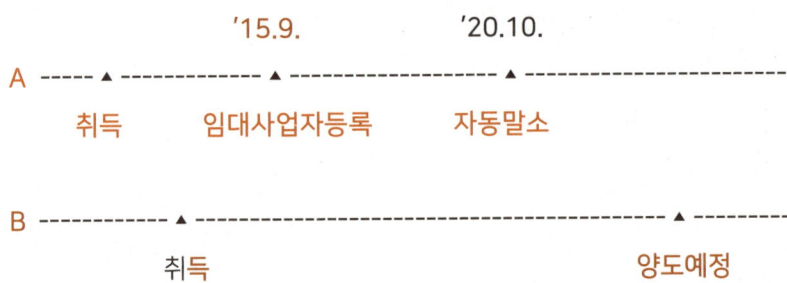

- 일반 2주택(A,B) 상태에서 2015.9월 A주택을 임대사업자등록
- 2020.10월 A주택 자동말소
- A주택 자동말소일로부터 5년 이내에 2년 이상 거주한 B주택을 양도할 예정임

2. 질의내용
- 자동말소된 장기임대주택은 거주주택 양도일까지 장기임대주택 특례 요건(양도하고 있어야 하는지, 임대료 증액제한 5% 준수해야 하는지, 세무서 사업자등록을 유지해야 하는지)을 준수해야 거주주택 비과세 특례 적용이 가능한지

▣ 장기임대주택 개정 세법

▶ '18.9.14. 이후 1주택을 보유한 1세대가 조정대상지역내 주택을 신규 취득하여 장기임대주택으로 등록한 경우 종합부동산세가 합산 과세되며, 양도시 양도소득세가 중과세됨

▶ 장기일반민간임대주택등 감면 적용 시 주택가액 기준 신설
'18.9.14. 이후 취득하는 주택 → 조특법 §97의3 장기보유특별공제(8년 50%, 10년 70%) 및 조특법 §97의5 양도소득세 감면적용 시 **임대개시일 당시 기준시가 6억원(비수도권 3억원)** 이하의 주택가액 기준 신설

▶ 장기임대주택 보유 1세대의 거주주택 특례 평생 1회 제한
'19.2.12.이후 취득하는 주택부터 → 장기임대주택을 보유한 1세대의 거주주택 특례를 최초 거주주택에만 적용(평생 1회로 제한, 기존에 거주주택 비과세 특례를 받은 적이 있는 경우 '19.2.12. 이후 취득한 주택은 비과세 적용을 받을 수 없음)

▶ 주택임대사업자 임대료 5% 증액 제한 요건 추가
'19.2.12. 이후 → 주택임대사업자에 대한 1세대 1주택 거주요건 적용 배제, 거주주택 특례 및 임대주택 중과배제 적용 시 임대료(임대보증금) 증가율 5% 이하 요건 추가 ('20.2.11. 연 5% → 5%로 개정)

▶ 조정대상지역 내 1주택만을 보유한 세대가 해당 주택을 임대하는 경우에도 2년 이상 거주하여야 비과세됨
'19.12.17. 이후 등록 신청하는 임대주택은 2년 거주요건 적용

▶ 단기임대·아파트 장기일반매입임대 유형 폐지 및 신규등록 임대주택 의무임대기간 연장 (소득령§155⑳~㉓, §167의3①2.가,마)
'20.07.11. 이후 → 단기, 아파트 장기매입 세제혜택 적용 배제
'20.08.18. 이후 → 의무임대기간을 8년에서 10년으로 연장

■ 임대주택 세제 혜택 및 개정 내용 요약

구 분	오피스텔, 다가구, 다세대 등		아파트	
	조정	비조정	조정	비조정
장기보유 특별공제 (소득세법 제95조)	▶ '18.4.1. 이후 중과세대상 주택(2주택 이상자 조정대상지역 주택) 양도시 장기보유특별공제 배제 ▶ 기타 주택 양도 → 장기보유특별공제			
장기보유 특별공제 (조특법 97조의3)	▶ '20.12.31.까지 임대주택 등록 : 8년 이상 50%, 10년 이상 70% 감면 ▶ '20.7.11. 이후 → 아파트는 임대등록할 수 없음			
2주택 이상 중과세 (소득세법 104⑦)	'18.9.14.이후 취득 중과세 18.9.13.이전 취득 및 등록 중과세(×) 임대등록(가능)	중과세(×)	'18.9.14.이후 취득 중과세 18.9.13.이전 취득 및 등록 중과세(×) 임대등록(불가)	중과세(×)
종합부동산세 합산 여부 (종부세법 시행령 제3조 ①8)	'18.9.14.이후 1주택 이상자 등록 [합산]	합산배제	'18.9.14.이후 1주택 이상자 등록 [합산]	'20.7.11. 이후등록 [합산]
거주주택 비과세 (소령 155 ⑳)	임대주택 → 5년이상 임대 거주주택 2년 이상 거주 20.7.11. 이후 →8년 이상 '20.8.18. 이후 →10년 이상		'20.7.10. 이전 임대등록한 아파트를 **5년 이상** 임대하는 경우	
소득세 필요경비 우대공제 (소득세법 64조의2)	임대주택 → 4년이상 임대 - 등록임대주택 : 60% - 미등록임대주택 : 50% (소령 §155의2 1) 종전 민간임대주택에 관한 특별법 적용		'20.7.10. 이전 임대등록한 아파트를 **4년 이상** 임대하는 경우	
소득세 감면 (조특법 제96조)	임대주택 → 4년이상 임대 - 장기임대 75%(2호 50%) - 단기임대 30%(2호 20%) (조특령§96 ②) 종전 민간임대주택에 관한 특별법 적용		'20.7.10. 이전 임대등록한 아파트를 **4년 이상** 임대하는 경우	

SECTION 11

오피스텔 세금 및 양도소득세

전국 오피스텔 임대수익률은 연 5 ~6%로 기대수익률이 예금 금리보다 3배 이상 높기 때문에 비교적 쉬운 부동산 투자상품이다. 그러나 오피스텔의 경우 매우 복잡한 세금문제가 발생할 수 있으므로 법을 정확히 알지 못하는 경우 오피스텔 때문에 '세금 폭탄'을 맞을 수 있으므로 본서 내용을 활용하여 세금 폭탄을 맞지 않도록 각별히 유의하여야 한다.

오피스텔 임대와 관련한 세금 개요

오피스텔의 용도는 건축법상 업무시설에 해당한다. 다만, 실질과세 원칙에 따라 사용 용도에 따라 주거용과 업무용으로 구분한다. 주거를 하면서 전입신고를 한 경우는 주거용으로, 사무실로 사용중이면 업무용에 해당하며, 주거용인 경우 주택으로 간주하므로 부가가치세 신고·납부의무는 없는 것이나(국민주택 규모 이하의 주택판매 또는 주택의 임대는 면세됨) 업무용인 경우 상가에 해당하므로 임대소득에 대하여 부가가치세를 신고 및 납부하여야 한다.

한편, 오피스텔의 경우 「건축법」에 의한 업무시설에 해당하므로 오피스텔을 신축하여 분양하는 사업자는 매입자의 실제 사용용도에 관계없이 건물분에 대하여 매입자로부터 부가가치세를 거래징수하게 된다. 예를 들어 오피스텔의 분양금액이 2억원이고, 건물분이 1억 5천만원인 경우 매입자는 건물분에 대한 부가가치세 1천 5백만원을 더 주고 구입을 하여야 하는 것이다. (분양금액 : 토지 5천만원 + 건물 1억5천만원 + 부가가치세 1천5백만원)

▶ 주거용 오피스텔 및 업무용 오피스텔의 세금 비교

구 분		주거용 오피스텔	업무용 오피스텔
취득	취득세 등	취득금액의 4.6%	취득금액의 4.6%
	부가가치세	건물가액의 10%	건물가액 10% (환급 가능)
보유	재산세	0.1% ~ 0.4%	토지 : 0.2 ~ 0.4% 건물 : 0.25%
	종합부동산세	합산(장기임대주택 제외)	합산 제외
	종합소득세	합산	합산
	부가가치세	없음	월세 및 보증금이자상당액 (연리 1.2%)의 10%
양도	양도소득세	과세(단, 1세대 1주택의 경우 비과세)	과세

▶ 취득세 등 : 취득세 4% + 농어촌특별세 0.2% + 지방교육세 0.4%

▶ 부동산 매각, 임대와 부가가치세 면세 또는 과세

부동산을 매각하거나 임대하는 경우 매수인 또는 임차인으로부터 부가가치세를 징수하여 납부하여야 하나 토지 또는 국민주택의 매각, 주택의 임대는 부가가치세가 면세되므로 부가가치세 신고 및 납부의무가 없다.

오피스텔 업무용 임대 또는 사용

오피스텔을 매입하여 업무용으로 임대하는 경우로서 오피스텔 소재지 관할 세무서에 일반과세사업자로 사업자등록을 하면, 취득시 부담한 매입세액을 환급(세무서로부터 돌려받음)받을 수 있다. 단, 이 경우 월세에 대하여 세금계산서를 발급하여야 하며, 부동산임대사업자로서 부가가치세를 신고 및 납부하여야 하고, 임대소득에 대하여 종합소득세를 신고 및 납부하여야 한다.

오피스텔의 주거용 또는 업무용 구분

오피스텔이 주거용인지 업무용인지는 오피스텔 내부구조와 형태, 사용하는 용도 등을 종합하여 판단하며, 임차인이나 소유자가 해당 오피스텔에 주민등록을 전입했는지 등이 판단의 주요 기준이 된다.

☐ 오피스텔에 취사시설등 주거시설이 갖추어져 있고 임차인이 이를 상시 주거용으로 사용하고 있음이 확인되는 경우에는 주택으로 보는 것임
(서면4팀-1651, 2004.10.18.)

☐ 오피스텔을 기숙사로 임대하는 경우 과세대상임
(부가, 서면인터넷방문상담3팀-2292 , 2004.11.10.)
종업원의 복리 및 근로의 편의를 위한 기숙사로 사용하는 경우에는 사업을 위한 주거용의 경우에 해당되어 오피스텔의 임대용역에 대하여는 과세되는 것임

▶ 국세청에서 주거용과 업무용 오피스텔을 구분하는 기준
- 오피스텔에 주민등록이 되어 있으면 주거용
- 사업자등록이 되어 있으면 업무용
- 오피스텔의 내부구조·형태 및 사실상 사용 용도 등을 종합하여 판단

오피스텔을 주택으로 임대 또는 사용하는 경우

오피스텔이 1세대 1주택 또는 일시적 2주택에 해당하는 경우 오피스텔 양도시 양도소득세를 부담하지 않아도 된다. 그러나 오피스텔 외 다른 주택을 소유하고 있는 경우 1세대 2주택 이상이 되어 다른 주택 또는 오피스텔 양도시 양도소득세를 부담하여야 하는 문제가 있으므로 오피스텔 구입시 양도소득세 문제를 신중히 검토하여 세금폭탄을 맞지 않도록 주의를 하여야 한다.

예를 들어 오피스텔이 없는 1세대 1주택인 세대가 2년 이상 보유한 주택을 양도하는 경우 1세대 1주택으로 인하여 비과세됨에도 오피스텔을 취득하여 보유함으로서 1세대 2주택에 해당되어 해당 주택 양도시 고액의 양도소득세를 부담하는 경우가 종종 발생하기도 한다.

〈세금 폭탄〉 오피스텔의 주택 구분 착오
오피스텔 외 1채의 주택에 대하여 1세대 1주택 비과세를 적용받았으나 관할 세무서에서 국세통합전산망으로 오피스텔이 있음을 확인한 후 비과세를 배제하고 세금을 추징함

◆ 양도, 조심-2021-서-1504 , 2021.06.01 , 기각 , 완료
가. 청구인은 2006.10.9. OOO(면적 83.06㎡로 이하 "쟁점주택"이라 한다)를 취득하였다가 이를 2019.9.18. OOO에 양도하였고, 그 양도차익과 관련하여 1세대 1주택으로 보아 「소득세법」제95조 제3항 및 같은 법 시행령 제160조에 따른 고가주택에 대한 양도차익 계산규정에 따라 OOO을 초과하는 부분에 대한 양도소득세 OOO을 예정신고·납부하였다.
나. 처분청은 청구인이 쟁점주택을 양도할 당시 보유한 OOO(면적 26.97㎡)이 상시 주거용으로 사용되고 있어 쟁점주택이 1세대 1주택에 해당하지 않는 것으로 보아 2020.10.27. 청구인에게 2019년 귀속 양도소득세 OOO을 경정·고지하였다.

오피스텔 매입 및 보유, 양도와 관련한 세금

◘ 오피스텔 매입과 부가가치세

오피스텔 매입과 부가가치세

국민주택 규모 이하 주택을 취득하는 경우 부가가치세 면제되지만, 오피스텔의 경우 주거용이라 하더라도 부가가치세가 과세된다. 이는 국민주택 이하 규모의 면세규정은 「조세특례제한법」에서 그 대상을 **「주택법」**에 의한 주택으로 한정하기 때문이다. 따라서 오피스텔은 「주택법」에 의한 주택이 아니므로 주거용으로 사용하더라도 부가가치세가 과세되는 것이며, 매입시 부가가치세를 부담하여야 한다.

☐ 조세특례제한법 시행령 제106조(부가가치세 면제 등) ④ -요약-
1. 「주택법」 제2조제1호에 따른 주택으로서 그 규모가 같은 조 제6호에 따른 국민주택규모(다가구주택은 가구당 전용면적 기준) 이하인 주택

오피스텔을 매입하여 일반과세사업자로 등록후 업무용으로 임대하는 경우 부가가치세 매입세액 환급

부가가치세란 사업자가 물품 등을 판매하는 경우 부가가치세법의 규정에 의하여 그 물품대금의 10%를 세금(거래세)으로 더 받아 두었다가 일정 기간 단위로 세무서에 납부하는 세금으로 오피스텔 구입시 매입자가 부담하는 부가가치세는 오피스텔 건축사업자에게 건물대금의 10%를 더 준 금액으로 부가가치세는 매입자가 부담하되, 납부는 매출자가 하게 된다. 다만, 매입자가 일반과세사업자로 사업자등록을 하고, 매입한 물품등을 자기의 과세사업에 사용하는 것으로서 세금계산서를 수취한 경우 매입시 부담한 부가가치세를 세무

서로부터 돌려받을 수 있다. 따라서 오피스텔을 매입하여 주거용도가 아닌 사무실용도로 부동산임대를 하는 경우 과세사업자에 해당하게 되며, 일반과세사업자로 등록하면, 오피스텔 매입과 관련한 매입세액을 세무서로부터 돌려받을 수 있는 것이다.

▶ **토지의 공급은 부가가치세가 과세되지 않음(면세)**
면세란 부가가치세가 면제된다는 의미로 토지의 공급은 부가가치세가 과세되지 않는다. 따라서 오피스텔 매입시 토지분은 부가가치세가 없는 것이다.

▶ **국민주택의 공급은 부가가치세가 과세되지 않음(면세)**
「주택법」에 의한 국민주택(전용면적 85㎡ 이하인 주택)의 경우에는 부가가치세가 과세되지 않는다. 단, 오피스텔의 경우 주거용으로 사용한다하더라도 오피스텔은 「주택법」에 의한 주택이 아니므로 전용면적이 85㎡ 이하인 경우에도 부가가치세가 과세되어 매입시 건물분에 대하여 부가가치세를 부담하게 된다.

주거용 오피스텔 매입 및 임대하는 경우 매입세액 부담

사업자가 과세되는 물품을 구입하여 면세사업에 사용하는 경우 그 매입세액은 공제를 받을 수 없다. 따라서 오피스텔을 구입하여 주택으로 임대하는 경우 오피스텔 매입시 부담한 매입세액을 환급받을 수 없으며, 주택임대는 부가가치세가 면세되므로 부가가치세 신고 및 납부의무가 없다.

▶ **오피스텔을 주거용으로 임대하는 경우 임대료는 부가가치세가 과세되지 않음**
오피스텔을 주거용으로 임대하는 경우 부가가치세가 면세되므로 임대수익에 대하여 부가가치세를 신고납부하지 않아도 된다.

🅀 오피스텔 취득세

취득세
오피스텔 취득은 **주거용 여부와 상관없이** 주택으로 보지 않고 일반건물매매로 보기 때문에 취득가액의 4.6%에 상당하는 금액을 취득세(농어촌특별세, 지방교육세 포함)로 부담하여야 한다.

반면, 주택의 경우 국민주택규모 이하이고 취득가액이 6억원 이하인 경우 취득세는 1.1%(농어촌특별세 면세, 지방교육세 포함)만 부담하고 부가가치세도 면세되나 같은 조건의 주거용 오피스텔 취득시에는 부가가치세 및 높은 세율의 취득세를 부담하여야 하는 것이다.

다른 주택을 취득하는 경우 주거용 오피스텔은 주택수에 포함되어 다른 주택의 취득세가 중과세 될 수 있음
오피스텔 취득 자체는 취득세가 중과세되지 않으나 2020. 8. 12. 이후 취득한 '주거용 오피스텔'의 경우 취득세 중과 판단 시 주택수에 포함되므로 다른 주택을 매입할 때 취득세 중과 여부를 반드시 검토하여야 한다. 단, 시가표준액이 1억원 이하인 오피스텔은 취득세 중과 판단 시 주택수에서 제외한다.

🅀 오피스텔 재산세

오피스텔 재산세
재산세는 취득세와 달리 실제 용도에 의하여 부과를 하는 것을 원칙으로 한다. 따라서 공부상의 등재 현황과 사실상 현황이 다르면 사실상 현황에 의해 재산세를 부과하기 때문에 오피스텔이 공부상 업무시설이라도 사실상 주거용인 경우 주택과 같은 0.1~0.4%의 재산세율을 적용받는다.

재산세 부과기준일 → 매 년 6월 1일

재산세 부과기준일은 매 년 6월 1일이며, 6월 1일 현재 공부상 소유권을 가진 자에게 1년분 보유기간 전체에 대한 재산세 부과한다. 따라서 보유하던 부동산을 5월 31일 매도하여 소유권이 변경되는 경우 매도인은 1월 1일부터 5월 31일까지 부동산을 보유하였음에도 해당 기간 동안의 재산세 상당액을 부담하지 않아도 되나 매수인은 1년분 재산세를 납부하여야 함으로서 1월 1일부터 5월 31일까지 부동산을 보유하지 아니하였음에도 재산세를 부담하여야 한다.

업무용 오피스텔과 주거용 오피스텔 재산세

재산세의 경우 주거용 오피스텔과 업무용 오피스텔 재산세는 다르게 부과하며, 재산세 세율은 다음과 같다. [지방세법 제111조]

▶ 업무용 오피스텔 : 토지 및 건물을 구분하여 재산세 부과

구분	과세표준	세율
토지	2억원 이하	1,000분의 2
	2억원 초과 10억원 이하	40만원+2억원 초과금액의 1,000분의 3
	10억원 초과	280만원+10억원 초과금액의 1,000분의 4
건물	구분 없음	1천분의 2.5

▶ 주거용 오피스텔 : 주택으로 재산세 부과

과세표준	세율
6천만원 이하	1,000분의 1
6천만원 초과 1억5천만원 이하	60,000원+6천만원 초과금액의 1,000분의 1.5
1억5천만원 초과 3억원 이하	195,000원+1억5천만원 초과금액의 1,000분의 2.5
3억원 초과	570,000원+3억원 초과금액의 1,000분의 4

▶ 재산세 납기 (지방세법 제115조)

구 분		납 기
토지		매년 9월 16일부터 9월 30일까지
건축물		매년 7월 16일부터 7월 31일까지
주택(분할 납부)	1차	매년 7월 16일부터 7월 31일까지
	2차	매년 9월 16일부터 9월 30일까지

▶ 업무용 오피스텔을 주거용으로 사용하는 경우 재산세 절세

주거용 오피스텔의 재산세는 업무용 오피스텔에 비하여 재산세 세율이 낮으며, 재산세의 경우 취득세와는 달리 실제 주거용으로 사용하는 경우 주거용으로 부과하게 된다. 따라서 오피스텔을 실제 주거용으로 사용하는 경우 재산세 부과기준일(6월 1일)로부터 역산하여 10일 이전에 시·군·구에 신고하는 경우 담당공무원의 확인을 거쳐 주택으로 재산세를 부과하게 되어 재산세를 줄일 수 있다. 다만, 주택으로 되는 경우 여러 가지 세무상 문제(오피스텔의 사실상 용도변경과 세무문제 참조)가 있으므로 각별히 유의를 하여야 한다.

◑ 오피스텔 종합부동산세

오피스텔의 종합부동산세 과세대상 여부

업무용오피스텔의 경우 주택분 재산세가 과세되지 않기 때문에 주택분 종합부동산세가 과세되지는 않는 것이나, 상시 주거용으로 사용하는 오피스텔인 경우 주택에 해당하여 종합부동산세가 과세된다.

오피스텔을 지방자치단체에 주거용으로 신고시 주의사항

오피스텔은 주택법 제2조(정의)에서 규정하는 주택이 아니라 준주택이다. 따라서 오피스텔을 취득하는 경우, 주거용이라고 해도 건축물

대장상의 용도에 따라 건축물에 대한 취득세율등 4.6%가 적용되며, 재산세의 경우에도 지방자치단체는 업무용으로 부과한다.

다만, 오피스텔을 주거용으로 임대하는 경우로서 주거용으로 별도로 신고를 하는 경우 주택분으로 재산세가 고지되며, 이 경우 거주자별로 보유한 주택 공시가격이 6억원(1세대 1주택자 9억원)을 초과하는 경우 종합부동산세 과세대상에 해당하므로 각별한 주의를 요한다.

예를 들어 고가의 1주택을 보유한 사람이 오피스텔을 취득해 주택분 재산세로 변경하면 종합부동산세에서는 2주택자로 본다. 따라서 이 경우 종합부동산세 공제액도 9억원이 아니라 6억원만 받을 수 있고, 조정지역 2주택인 경우 세율이 2배 이상 증가하게 되며, 1주택자가 받을 수 있는 고령 및 장기보유세액공제도 받을 수 없게 되므로 재산세를 조금 아끼려다 종합부동산세 폭탄을 맞게 되는 것이다.

한편, 국세청은 지방자치단체로부터 통보받은 재산세 부과자료에 근거하여 종합부동산세를 과세하므로 실질적으로 주거용 오피스텔임에도 종합부동산세 고지금액에서 제외하게 되나 국세청이 종합부동산세 부과 이후 오피스텔의 주거용 여부에 대한 일괄조사, 임차인의 연말정산시 월세소득공제, 기타 유관기관과의 협조를 통하여 주거용 오피스텔을 파악하여 추가 고지를 할 수 있는 세무적 문제는 있다.

❓ 오피스텔 양도와 양도소득세

양도소득세

오피스텔을 양도하는 경우 양도소득세를 신고 및 납부하여야 한다. 단, 오피스텔이 양도일 현재 1세대 1주택에 해당하는 경우 또는 일시적 2주택에 해당하는 경우에는 양도소득세가 비과세된다.

▶ 주거용 오피스텔의 1세대 1주택 및 일시적 2주택 비과세

오피스텔 1채 외에 다른 주택이 없는 경우로서 주거용으로 사용한 기간이 2년 이상인 경우 1세대 1주택에 해당하여 비과세를 적용받을 수 있다. 한편, 주거용 오피스텔이 있고 별도의 1주택이 있는 경우 오피스텔 또는 주택 양도시 1세대 1주택에 해당하지 아니하여 양도소득세를 부담하여야 한다. 단, 일시적 2주택의 경우에는 비과세된다.

조정대상지역 주거용 오피스텔 양도시 중과세

조정대상지역내 주거용 오피스텔을 양도하는 경우로서 오피스텔을 포함하여 주택수에 포함하여야 하는 주택(조정대상지역 양도소득세 중과세 참조)이 2주택 이상인 경우 중과세가 적용된다.

조정대상지역 내 오피스텔 양도 및 장기보유특별공제

조정대상지역내 주거용 오피스텔이 2주택 이상으로 중과세되는 경우 소득세법 제95조 제2항에 의한 장기보유특별공제를 받을 수 없다.

기준시가 1억원 이하인 오피스텔을 보유한 경우 조정대상지역 주택 양도시 양도소득세 중과세 여부

1) 기준시가 1억인 이하인 주택의 경우에도 대도시 등(수도권, 광역시, 세종시의 군 또는 읍면지역이 아닌 지역)에 소재한 오피스텔은 조정대상지역 중과세 판정시 **주택수**에는 포함한다.
2) 중과세대상 주택수에 포함하는 주택이 **2채**인 경우 기준시가 1억원 이하인 주택을 양도하는 경우 **중과세**가 되지 않으나 3채 이상인 경우에는 중과세된다.(소득세법 시행령 제167조의 10 ① 9)

[참고] 지방세법에 의한 시가표준액이 1억원 이하인 오피스텔
취득세 중과세대상 주택수에 포함하지 않음

🇶 업무용 오피스텔 양도시 부가가치세

일반과세자인 경우

업무용으로 사용하던 오피스텔을 양도하는 경우 건물분에 대하여 세금계산서를 발급하고, 부가가치세를 신고 및 납부하여야 한다.

▶ 건물가액 계산 및 세금계산서 발급, 부가가치세 신고·납부

1) 업무용 건물가액의 10%는 부가가치세가 과세되므로 세금계산서를 발급(토지분에 대한 계산서 발급의무는 없음, 소득세법 시행령 제211조 ② 4)하고, 부가가치세를 신고 납부하여야 한다.
2) 계약서에 면세되는 토지부분의 가액을 부당하게 고가로 명시하고 과세되는 건물가액을 현저하게 저가로 명시 하는 등의 사유로 인하여 실지거래가액 중 토지와 건물 등의 가액 구분이 불분명한 경우에 해당하는 경우(기준시가로 토지 및 건물가액을 안분한 금액보다 30% 이상 차이가 나는 경우)에는 아래 순서에 의하여 해당되는 금액을 거래가액으로 적용한다. (부가가치세법 제29조 ⑨)
1. 감정평가액이 있는 경우: 감정평가가액에 비례하여 안분계산
2. 감정평가액이 없으나 기준시가가 모두 있는 경우 : 공급계약일 현재의 기준시가에 따라 계산한 가액으로 안분계산하여야 한다.

▶ 포괄양도양수 및 부가가치세 신고·납부

사업에 관한 모든 권리의무를 양수인에게 포괄양도양수하는 경우 세금계산서 발급의무가 없다. 다만, 포괄 양도양수의 경우 여러 가지 세무적 문제가 있을 수 있으므로 반드시 세무사에 의뢰하여 처리하여야 한다.

간이과세자인 경우

건물분 매매금액의 10%에 30%(부동산임대업의 부가가치율)를 곱한 금액을 부가가치세로 신고 및 납부하여야 한다.

🅠 오피스텔의 장기임대주택 등록 세금 절세 등

장기임대주택 지방자치단체 등록 및 세무서 사업자등록

오피스텔을 주거용으로 임대하면서 각종 세금혜택을 받고자 하는 경우 주소지 관할 시군구청에 임대사업자로 등록을 하고, 등록한 주소지를 사업장으로 하여 관할 세무서에 면세 사업자등록을 하여야 한다. 단, 세무서 사업자등록은 장기임대주택 여부에 관계없이 의무적으로 사업자등록을 하여야 하며, 사업자등록을 하지 않는 경우 가산세(미등록기간 주택임대 수입금액의 1천분의2)가 적용된다.

조세특례제한법의 장기임대 오피스텔 장기보유특별공제

오피스텔을 2020.12.31.까지(아파트의 경우 2020.7.10.까지) 장기임대주택으로 등록한 경우 오피스텔 양도시 조정대상지역의 경우에도 조세특례제한법 제97조의3에 의한 장기보유특별공제를 받을 수 있다.

▶ 장기일반민간임대주택의 임대기간에 따른 감면율

관련 법령	임대기간	감면내용
조특법 제97조의4	6년 이상	장기보유특별공제율 추가 공제
조특법 제97조의3	8년 이상	장기보유특별공제율 : 50%
	10년 이상	장기보유특별공제율 : 70%

■ 조정대상지역 장기임대주택 등록시 세제 혜택

1) 조세특례제한법 제97조의3에 의한 장기보유특별공제
(요건) 임대개시일 당시 기준시가 6억원(서울, 경기, 인천 외 3억원) 이하
2) 조세특례제한법 제96조에 의한 소형주택 임대사업자 세액감면
(요건) 임대개시일 당시 기준시가 6억원 이하

장기임대 오피스텔과 1주택을 보유한 경우 거주주택 비과세

오피스텔을 장기임대주택으로 등록하는 경우로서 거주주택 비과세 요건을 충족하는 경우 2년 이상 거주한 주택은 1세대 1주택 비과세 특례를 적용받을 수 있다. (1세대 1주택 비과세 특례 참조)

▶ 오피스텔은 조정대상지역이더라도 장기임대주택으로 등록하는 경우 거주주택 비과세 특례를 적용받을 수 있다.

주거용 장기임대 오피스텔 종합부동산세

오피스텔을 장기임대주택으로 등록하는 경우 종합부동산세 합산에서 배제된다. 단, 조정대상지역내 2018.9.14. 이후 새로 취득 하는 주거용 오피스텔은 장기임대를 하더라도 종합부동산세 과세표준에 합산된다.

[개정 세법] 장기임대주택 종합부동산세 요약
2018.9.14. 이후 : 조정대상지역 장기임대주택(오피스텔, 다가구주택 등 포함) 종합부동산세 합산 과세
2020.7.11. 이후 : 일반지역의 아파트 장기임대주택 종합부동산세 과세
2020.8.18. 이후 : 장기임대주택 임대기한 연장 8년 → 10년

장기임대주택의 소득세 감면

국민주택 규모 이하의 주택(1호 이상)을 4년 이상 임대하는 경우에는 2022년 12월 31일 이전에 끝나는 과세연도까지 해당 임대사업에서 발생한 소득에 대한 소득세의 100분의 30[임대주택 중 장기일반민간임대주택(8년 이상 임대 주택)의 경우에는 100분의 75]에 상당하는 세액을 감면한다.

🅠 오피스텔의 용도변경과 세무문제

업무용 오피스텔을 주거용으로 전환한 경우
업무용으로 사용하던 오피스텔을 주거용으로 전환하는 경우로서 일반과세사업자로 등록하여 건물분에 대하여 매입세액을 환급받은 경우 환급받은 매입세액을 경과기간에 따라 일정률을 곱한 금액을 납부하여야 한다. 즉, 과세사업(업무용으로 임대)에 사용하던 오피스텔을 면세사업(주거용으로 임대)으로 사용하는 경우 환급받았던 부가가치세를 다음의 계산방법에 의하여 계산한 부가가치세를 납부하여야 하는 것이다. 단, 오피스텔 취득 이후 **10년이 경과**하면, 주거용으로 전용하더라도 부가가치세를 다시 납부하지 않아도 된다.

▶ 납부할 부가가치세 과세표준 및 납부세액 계산방법
- 과세표준(시가) : 매입세액을 공제받은 오피스텔의 취득가액 × (1 − 5/100 × 경과된 과세기간의 수)
- 납부할 부가가치세 : 과세표준 × 10/100

▶ 경과된 과세기간 수 계산
과세기간의 개시일에 당해 재화를 취득하거나 당해 재화가 공급된 것으로 보아 과세기간의 수를 계산한다. 예를 들어 20×6. 5. 20. 일반과세사업자로 등록한 후 매입세액을 환급을 받았으나 20×7. 1. 20. 주거용으로 전환하는 경우 경과한 과세기간 수는 '2'임(20×6년 1기, 20×6년 2기, 1기)

주거용 임대 오피스텔을 업무용으로 전환한 경우
오피스텔 매입시 주거용으로 임대한 경우 매입세액을 공제받을 수 없었으나 차후 업무용으로 임대하면서 일반과세사업자로 사업자등록을 하여 부가가치세를 신고납부하는 경우 매입세액에 일정률을 곱한 금액을 공제받을 수 있으며, 이 경우 '과세사업전환 감가상각자산 신고서'를 제출하여야 한다. (부가가치세법 시행령 제85조)

[사례] 20×7. 5. 오피스텔 취득, 주거용으로 임대하다 20×9. 7 업무용으로 전환, 취득금액 215,000,000원 취득시 매입세액은 공제받지 못함
과세표준 : 건물 150,000,000원, 건물분 부가가치세 15,000,000원, 토지분 50,000,000원

공제되는 세액 = 취득 당시 해당 재화의 면세사업 등과 관련하여 공제되지 아니한 매입세액 × (1 - 5% × 경과된 과세기간 수)
15,000,000원 × (1- 5% × 5) = 11,250,000원

◆ **임대하던 오피스텔을 업무용으로 임대시 과세사업 전환 감가상각자산에 대한 매입세액공제 가능함[업무용 --> 주거용 --> 업무용]**
(법규부가2013-43, 2013.2.15.)
오피스텔을 취득하면서 부동산임대업으로 사업자등록을 신청하여 관련 매입세액을 공제받고 오피스텔을 업무용으로 임대한 자가 오피스텔을 주거용으로 임대전환하면서 면세 전용에 따른 자가공급에 해당하는 것으로 보아 부가가치세를 신고납부한 후, 해당 오피스텔은 업무용으로 임대하는 경우 사업자는 과세사업전환 감가상각자산에 대하여 그 과세사업에 사용한 날이 속하는 과세기간의 매입세액으로 공제할 수 있는 것임

자가사용 주거용 오피스텔을 업무용으로 전환한 경우
오피스텔 매입하여 주거용으로 **자가 사용**함으로서 매입세액을 공제받지 아니하였으나 차후 업무용으로 임대하게 되어 일반과세사업자로 사업자등록을 하더라도 매입세액은 공제받을 수 없다.
(부가, 부가가치세과-4239 , 2008.11.17.)

오피스텔 임대수익 세무

❑ 업무용 오피스텔 임대 세무

부가가치세 신고 및 납부

▶ 일반과세자인 경우
오피스텔을 업무용으로 임대하는 경우 임대료에 대하여 부가가치세가 과세되며, 상반기(1.1. ~ 6.30.) 임대수입은 7월 25일까지, 하반기(7.1. ~ 12.31.) 임대수입은 다음해 1월 25일까지 임대수익에 대한 부가가치세를 신고·납부하여야 하며, 부가가치세 신고시 세금계산서 합계표 및 부동산임대공급가액명세서를 제출하여야 한다.

▶ 부가가치세 : 6개월간의 월세 및 보증금에 대한 간주임대료 × 10%
간주임대료 : 보증금 × 1.2%(2021년, 매 년 달라짐) × 임대일수/365일

▶ 간이과세자인 경우
간이과세자의 경우에는 1년간의 전체 임대수익에 대하여 다음 해 1월 25일까지 신고 및 납부하되, 연간 임대수입이 4800만원에 미달하는 경우 부가가치세 신고는 하되, 납부는 하지 않아도 된다.

업무용 오피스텔 임대 세금계산서 발급
부동산임대사업자가 일반과세자인 경우 월세에 대하여 세금계산서를 발급하여야 하며, 세금계산서 발급시 임차인이 사업자라면 공급받는자를 임차인의 사업자등록번호로, 비사업자라면 공급받는자를 임차인의 주민번호로 하여 세금계산서를 발급하여야 한다. 단, 간이과세자인 경우에는 영수증을 발급하면 된다.

🅠 주거용 오피스텔 임대 세무

주거용 오피스텔 사업자등록

주거용 오피스텔의 경우 주택임대사업자로 사업자등록을 하여야 하며, 월세에 대하여 영수증(형식은 무관함)을 발급하여야 한다. 단, 임대인과 임차인이 법인인 경우에는 계산서(세금계산서 양식 중 세액란이 없는 것)를 발급하여야 한다.

임대소득에 대한 종합소득세 신고

주거용으로 임대하는 오피스텔을 포함하여 부부합산 2채 이상의 주택(2채의 주택을 보유하고, 월세임대소득이 없는 경우에는 제외)을 보유하면서 주택 임대소득이 있는 경우 종합소득세를 신고 및 납부를 하여야 한다.

▶ 주택임대소득 과세대상 판단 기준(부부합산 → 소득세는 각자 신고)
- 1주택 소유 → 기준시가 9억원을 초과하는 주택을 월세로 준 경우
- 2주택 → 주택임대와 관련한 모든 월세 수입
- 3주택 이상 → 월세 수입 및 주택의 임대보증금 합계가 3억원을 초과하는 경우 초과하는 금액의 1.2% 상당액
 (2021. 12. 31. 까지 1세대당 40㎡를 이하인 주택으로서 기준시가가 2억원을 이하인 주택은 주택수에 포함하지 않음)

주거용 오피스텔 장기임대 과세 특례

오피스텔을 장기임대사업자(8년 이상 임대 → 2020.8.18. 이후 임대등록 10년)로 등록하는 경우 양도시 양도소득세 감면, 종합부동산세 합산배제, 거주주택 비과세, 임대주택 소득세 감면 등의 과세특례를 적용받을 수 있으므로 장기임대주택으로 등록하여 세금을 절세할 수 있는 방안을 검토하여야 할 것이다.

SECTION 12

상가·주택 겸용 건물 취득세, 양도소득세 등

상가주택의 취득과 관련한 세금

상가주택 취득세

상가 주택의 취득세는 주택부분과 상가로 구분하여 납부하여야 하며, 상가주택의 주택부분을 임대주택으로 등록하더라도 취득세는 감면되지 않는다. 한편, 조정대상지역 2주택 이상등 취득에 해당하는 경우 취득세가 중과세(취득세 편 참조)된다.

▶ 상가주택의 주택분 및 상가분 세금 비교

구 분		주택분	상가분
취득	취득세 등	취득금액의 1.1% ~ 3.5%	취득금액의 4.6%
	부가가치세	건물가액의 10%	일반과세자 환급
보유	재산세	0.1% ~ 0.4%	토지 : 0.2 ~ 0.4% 건물 : 0.25%
	종합부동산세	합산(장기임대주택 제외)	합산 제외
	종합소득세	2주택 이상 임대소득 신고	임대소득 신고
	부가가치세	없음	월세 및 보증금 이자의 10%
양도	양도소득세	과세(단, 1세대1주택 비과세)	과세

상가분에 대한 세무서 사업자등록 및 매입세액공제

업무용 건물과 주거용 건물을 동시에 임대하는 경우 부동산임대업으로 등록을 하여야 하며, 상가의 경우 사업자등록을 하여 임대료에 대해서는 부가가치세를 신고 및 납부하여야 한다.

상가주택 양도와 관련한 세금

상가주택의 양도소득세는 복잡한 세법 구조로 인하여 다양한 쟁점이 발생할 수 있으므로 각별한 주의를 하여야 한다.

주택 및 상가 복합주택

건물이 주택과 주택외의 부분으로 복합되어 있는 경우와 주택에 딸린 토지에 주택외의 건물이 있는 경우에는 그 전부를 주택으로 본다. 다만, 주택의 연면적이 주택 외의 부분의 연면적보다 적거나 같을 때에는 주택외의 부분은 주택으로 보지 아니한다.

▶ **겸용주택의 주택판정 요약**

1. 주택면적 > 주택이외의 면적 : 전부를 주택으로 본다.
2. 주택면적 < (=) 주택이외의 면적 : 주택부분만 주택으로 본다.

구 분	비과세 여부
주택 > 점포	점포를 주택으로 보아 전체를 비과세
주택 <(=) 점포	주택부분은 비과세, 점포부분만 과세

▶ **점포가 딸린 건물에서 주택부분이 점포보다 클 경우**

1세대 1주택자가 점포가 딸린 주택(비과세 요건을 갖춘 경우에 한함)을 팔았을 때에는 주택면적이 점포면적보다 큰 경우 점포를 주택으로 보아 양도소득세를 과세하지 않는다.

[개정 세법] 고가 겸용주택의 주택과 주택외 부분 과세 합리화
(소득세법 시행령 제160조 제1항)
9억원 초과 겸용주택은 주택과 주택외 부분을 분리하여 주택이 상가 면적보다 큰 경우에도 주택 부분만 주택으로 봄
<적용시기> 2022.1.1. 이후 양도하는 분부터 적용

상가주택의 주택 연면적이 큰 경우 1세대 1주택 적용

양도소득세 신고 및 납부시 주택의 연면적이 상가의 연면적보다 큰 경우 전체를 주택으로 보며, 상가의 연면적이 주택의 연면적보다 큰 경우 주택부분은 주택으로 상가부분은 상가로 본다. 연면적이란 각 층의 면적을 합한 면적을 말한다.

- 주택의 연면적 > 상가의 연면적 : 모두 주택
- 주택의 연면적 <(=) 상가의 연면적 : 주택부분은 주택, 상가부분은 상가

▶ 조정대상지역에 소재한 상가주택만 보유한 1세대가 상가주택을 양도하는 경우 → 주택 비과세, 주택 12억원 초과분 과세(1세대 1주택 참조)
1) 주택 > 상가 → 1세대 1주택 전체 비과세, 12억원 초과분 과세
2) 주택 <(=) 상가 → 주택분 비과세(12억원 초과분 과세), 상가분 과세

조정대상지역 상가주택 양도 → 주택수 2채 이상 중과세

1세대가 보유한 주택수가 2채 이상인 경우로서 조정대상지역에 소재

한 상가주택을 양도하는 경우 주택분에 대하여는 중과세가 적용된다. 단, 상가분은 중과세가 적용되지 않는다.
(주택수 및 중과세 → 조정대상지역 참조)

상가주택 매매시 주택가액과 상가가액 구분

주택부분의 가액 및 상가가액은 실제 거래가액으로 구분하여 매매계약서를 작성하여야 한다. 그러나 계약서에 구분하여 기재된 건물가액의 경제적 합리성이 결여되어 있거나, 임의 구분 기재한 것으로 확인되는 경우 매매계약서에 건물가액이 구분 기재되었다 하더라도 토지와 건물 등의 가액 구분이 불분명한 것으로 보아 이를 인정하지 않는다.

이에 따라 2016년부터 기준시가로 안분한 금액과 임의로 기재된 금액의 차이가 30% 이상 나는 경우 기준시가에 따라 계산한 금액을 기준으로 부가가치세가 과세된다. [소득세법 제100조 ③]

일반과세자 건물 양도 및 부가가치세

상가분에 대하여 일반과세사업자로 등록되어 있는 경우 상가분에 대하여 부가가치세를 징수하여 신고 및 납부하여야 한다.

간이과세자 건물 양도 및 부가가치세

부동산임대업이 간이과세자로 등록되어 있는 상태에서 양도하는 경우 다음의 금액을 부가가치세로 신고·납부하여야 하며, 이 경우 계약서에 부가가치세에 대한 별도의 내용이 없는 경우 양도인이 부담하여야 하며, 간이과세자가 건물을 양도하고 납부한 부가가치세는 양도차익 계산시 양도소득 필요경비로 산입할 수 없다.

- ■ 건물(상가분) 매매금액 × 10% × 30%(부가가치율)

겸용주택 양도소득세 절세 및 세무리스크

▶ 조정대상지역 다주택자의 겸용주택 전체를 주택으로 보는 경우 (주택 > 상가) → 상가부분은 중과세율 적용하지 않음
[양도, 서면인터넷방문상담4팀-886 , 2004.06.17.]
중과세율을 적용함에 있어서 양도하는 건물이 주택과 상가 부분으로 복합되어 있는 경우로서 주택의 면적이 상가의 면적보다 크더라도 그 상가의 부분에 대하여는 중과세율이 적용되지 아니하는 것임

▶ 납세자 신고 1세대 1주택 비과세 (주택면적 > 상가면적) → 세무서의 현장 확인 (상가면적 > 주택면적) 양도소득세 추징
주택의 면적이 상가보다 큰 것으로 하여 1세대 1주택 비과세 적용을 받았으나 세무서의 현장 확인에 의하여 상가면적이 주택면적보다 큰 것으로 판단하여 상가부분에 대하여 양도소득세를 결정함

[양도, 조심-2014-중-4094 , 2015.04.22 , 기각]
부속사 중 일부가 방 형태로 되어 있다고 하더라도 화장실이나 세면장 등 주거에 필수적인 시설이 함께 설치되어 있지 않고, 음식점 주방으로 사용되는 공간을 같이 점유하고 있어 부속사를 상시주거에 공하는 건물로 보기 어려운 점 등에 비추어 청구주장을 받아들이기 어려움

▶ 상가 주택 증·개축과 장기보유특별공제 착오 계상
[양도, 조심-2014-서-2708 , 2015.12.30 , 기각]
겸용주택의 증·개축으로 상가의 면적이 넓어진 경우로서 양도 당시 상가의 면적이 넓은 경우 장기보유특별공제는 상가 및 주택을 구분하여 장기보유특별공제를 받아야 함에도 주택 보유기간에 대한 장기보유특별공제를 적용받아 신고·납부한 내용에 대하여 양도소득세를 추징함

SECTION 13

자경농지 양도소득세 비과세·감면

농지소재지에서 8년 이상 직접 경작한 양도일 현재 농지를 양도하는 경우 양도소득세를 감면(연간 한도액 1억원)받을 수 있으며, 그 내용을 살펴보면 다음과 같다.

감면대상 농지 요건

8년 이상 자경

농지를 8년 이상 자경한 경우 농지 양도에 대한 양도소득세를 감면받을 수 있다. (조세특례제한법 제69조)

자경기간 계산

1) 농지를 취득한 때부터 양도할 때까지의 실제보유기간 중의 경작기간으로 계산하며, 취득할 때부터 양도할 때까지의 사이에 8년 이상 경작한 사실이 있어야 함
2) 양도일 현재에 자경하고 있어야 하는 것은 아니나 양도일 현재 농지에는 해당되어야 함

◘ **상속받은 농지**

피상속인이 취득하여 농지소재지에 거주하면서 경작한 기간도 상속인이 농지소재지에 거주하면서 경작한 기간으로 본다. 다만, 상속인이 상속받은 농지를 1년 이상 계속 경작하지 아니한 경우 상속받은 날부터 3년이 되는 날까지 양도하는 경우에 한하여 피상속인이 취득하여 경작한 기간을 상속인이 경작한 기간으로 본다. [조특령 제66조 ⑪]

◘ **증여받은 농지**

증여받은 날 이후 수증자가 경작한 기간만을 계산한다.

농지 소재지에 거주하여야 함

소유자가 취득일부터 양도일 사이에 8년간 농지가 소재하는 시·군·구(자치구인 구를 말함)와 그와 연접한 시·군·구, 또는 해당 농지로부터 직선거리 **30킬로미터** 이내의 지역에 거주하면서 농지를 경작하여야 한다.

해당 농지에서 농작물 등을 경작하여야 함

소유농지에서 농작물의 경작 또는 다년성 식물의 재배에 상시 종사하거나 농작업의 2분의 1 이상을 자기의 노동력에 의하여 경작 또는 재배한 사실이 있어야 한다.

양도일 현재 농지일 것

전·답으로서 지적공부상의 지목에 관계없이 실제로 경작에 사용되는 토지를 말하며, 양도일 현재 농지여야 한다.

▶ 양도일 현재 특별시·광역시 또는 시에 있는 농지
주거지역·상업지역 및 공업지역내의 농지로 이 지역에 편입된 후 **3년이**

경과되지 않은 경우여야 한다. 단, 광역시에 있는 군지역 및 도·농복합 형태의 시의 읍·면지역은 기한의 제한을 받지 아니한다.

농업소득외 근로소득 또는 사업소득의 합계액이 3,700만원 미만이어야 함

자경기간 산정시 근로소득(총급여)이 3,700만원 이상이거나 다른 사업소득이 있는 경우(복식부기기장의무자에 한함) 해당 연도는 자경하지 않은 것으로 간주한다. 단, 농업·축산업·임업 및 비과세 농가부업소득, 부동산임대소득은 제외한다.

감면한도액 및 감면대상이 아닌 농지

감면세액 한도액
농지의 양도로 인한 감면세액 한도액은 연간 1억원이며, 5년간 감면세액 한도는 2억원으로 한다.

감면대상이 아닌 농지
1) 양도일 현재 특별시·광역시(광역시에 있는 군 제외) 또는 시(도농 복합형태의 시의 읍·면 지역 제외)에 있는 농지중 주거지역·상업지역 및 공업지역안에 있는 농지로서 이들 지역(대규모 개발사업지역 제외)에 편입된 날부터 3년이 지난 농지 [조특령 제66조 ④ 1]
2) 농지 외의 토지로 환지예정지의 지정이 있는 경우 그 환지예정지 지정일로부터 3년이 지난 농지 [조특령 제66조 ④ 2]
3) 상속인이 상속받은 농지(피상속인이 8년 자경요건을 갖춘 농지)를 경작하지 않는 경우 상속받은 후 3년이 지난 농지

SECTION 14

종합부동산세
재산세(지방세)

지방자치단체는 지방자치단체 운영을 위하여 「지방세법」의 규정에 따라 지방세(취득세, 등록면허세, 자동차세, 주민세 등)를 부과하며, 재산 보유에 대하여 재산세를 부과하고 있다.

한편, 국가는 부동산 보유에 대한 조세부담의 형평성을 제고하고 부동산의 가격안정을 도모하기 위하여 지방세인 재산세와는 별도로 공시가격이 6억원을 초과하는 주택 및 공시가격이 5억원을 초과하는 종합합산대상 토지 및 공시가격이 80억원을 초과하는 별도합산대상 토지에 대하여 국세인 종합부동산세를 부과한다.

[개정 세법] 1세대 1주택자 기본공제 상향조정
[종합부동산세법 제8조(과세표준)]
(종전) 9억원(기본공제 3억원 + 6억원)
(개정) 11억원(기본공제 5억원 + 6억원)
<적용시기> 2021.9.14. 이 속하는 연도에 납세의무가 성립하는 분부터 적용

종합부동산세 개요

종합부동산세는 국세청에서 부과·징수 및 관리하는 국세로서 **과세기준일(매년 6월1일)** 현재 국내에 소재한 재산세 과세대상인 **주택** 및 토지를 유형별로 구분하여 **인별로** 합산하여 그 공시가격 합계액이 각 유형별 공제액을 초과하는 경우 그 초과분에 대하여 과세되는 세금이다.

▶ 주택
세대(世帶)의 구성원이 장기간 독립된 주거생활을 할 수 있는 구조로 된 건축물의 전부 또는 일부 및 그 부속토지를 말하며, 단독주택과 공동주택으로 구분한다.

▶ 오피스텔
업무용오피스텔의 경우 주택분 재산세가 과세되지 않기 때문에 주택분 종합부동산세가 과세되지 않는 것이나, 상시 주거용으로 사용하는 오피스텔인 경우 주택에 해당하여 종합부동산세가 과세된다.

▶ 분양권, 조합원입주권
분양권 및 조합원입주권은 주택에 해당하지 아니하므로 종합부동산세 과세대상이 아니며, 종합부동산세 과세시 주택수에 포함하지 않는다.

재산세와 종합부동산세 중복과세 문제

동일한 재산에 대하여 지방세인 재산세와 국세인 종합부동산세를 부과하는 경우 중복으로 세금을 과세하는 문제가 있다. 따라서 종합부동산세로 납부하여야 하는 금액 중 재산세로 납부한 금액의 일정액을 공제하여 준다.

종합부동산세 납세의무자 및 과세대상

과세기준일(매년 6월 1일) 현재 인별로 보유한 과세유형별 공시가격의 전국 합산액이 공제금액을 초과하는 재산세 납세의무자로 한다.

▶ 유형별 종합부동산세 과세대상 및 공제액

유형별 과세대상	공제액
주택(주택부속토지 포함)	주택공시가격 6억원 (1세대 1주택자 11억원)
종합합산 토지(나대지·잡종지 등)	토지공시가격 5억원
별도합산 토지(상가·사무실 부속토지 등)	토지공시가격 80억원

▶ 분리과세, 별도합산, 종합합산
1) 분리과세란 해당 부동산에 대하여만 공시가액에 세율을 적용하여 부과하는 세금을 말한다.
2) 별도합산이란 별도로 합산을 할 항목 등을 정해둔 것으로서 동일 시·군·구 내 별도합산대상 토지를 합산하여 과세하는 것을 말한다.
3) 종합합산이란 분리과세 또는 별도합산대상이 아닌 토지 등은 모두 합산하여 과세하는 것을 말한다.

▶ 1세대 1주택이나 공동소유한 경우 2주택자로 간주
소유자별로 기본공제 6억원만 공제를 받을 수 있으며, 1세대 1주택자 공제받을 수 있는 보유기간별공제 및 연령별공제를 받을 수 없다.

[개정 세법] 2021.1.1. 이후 부부공동명의 1주택자는 1주택자로 봄
1) 기본공제 9억원(11억원으로 개정) 및 고령자 및 장기보유공제 적용
2) (납세의무자) 부부 중 지분율이 큰 자(지분율이 같은 경우 선택)
3) (세액공제 적용 기준) 납세의무자의 주택 보유기간 및 연령을 기준으로 적용

종합부동산세 과세표준 및 세율

종합부동산세 과세표준

과세표준이란 종합부동산세를 부과하기 위한 기준이 되는 금액으로 다음과 같이 계산한다.

과세유형별 전국합산(공시가격 - 공제금액) × 공정시장가액비율
- 주택분 : [전국합산(공시가격 - 6억원)] × 95%
- 종합합산토지분 : [전국합산 (공시가격 - 5억원)] × 95%
- 별도합산토지분 : [전국합산 (공시가격- 80억원)] × 95%

▶ 공시가격

공시가격이라 함은 「부동산 가격공시에 관한 법률」에 따라 가격이 공시되는 주택 및 토지에 대하여 동법에 따라 공시된 가액을 말하며, <부동산공시가격 알리미>에서 확인할 수 있다.

▶ 공정시장가액비율

종합부동산세는 공시가액에 해당 세율을 곱하여 계산하여야 하나 납세자의 세금부담을 줄여주기 위하여 적용하는 비율로 종합부동산세는 95%를 공정시장가액비율로 한다. [재산세 주택 60%, 토지 70%]

[개정 세법] 공정시장가액비율 인상
〈종전〉 공정시장가액 비율 80%
〈개정〉 (2019) 85%, (2020) 90%
(2021) 95%
(2022) 100%
〈적용시기〉 2019.1.1. 이후 납세의무가 성립하는 분부터 적용

종합부동산세 세율

[개정 세법] 주택분 종합부동산세 세율 인상 (종부세법 §9)

종 전	개 정
□ 종합부동산세율 ○ 2주택 이하 (조정대상지역 내 2주택 제외)	□ 종합부동산세율 ○ 2주택 이하 (조정대상지역 내 2주택 제외)

과세표준	세율(%)	과세표준	세율(%)
3억원 이하	0.5	3억원 이하	0.6
3 ~ 6억원 이하	0.7	3 ~ 6억원 이하	0.8
6 ~ 12억원 이하	1.0	6 ~ 12억원 이하	1.2
12 ~ 50억원 이하	1.4	12 ~ 50억원 이하	1.6
50 ~ 94억원 이하	2.0	50 ~ 94억원 이하	2.2
94억원 초과	2.7	94억원 초과	3.0

종 전	개 정
○ 3주택 이상· 조정대상지역 2주택	○ 3주택 이상 ○ 조정대상지역 2주택

과세표준	세율(%)	과세표준	세율(%)
3억원 이하	0.6	3억원 이하	1.2
3 ~ 6억원 이하	0.9	3 ~ 6억원 이하	1.6
6 ~ 12억원 이하	1.3	6 ~ 12억원 이하	2.2
12 ~ 50억원 이하	1.8	12 ~ 50억원 이하	3.6
50 ~ 94억원 이하	2.5	50 ~ 94억원 이하	5.0
94억원 초과	3.2	94억원 초과	6.0

<적용시기> 2021.1.1. 이후 납세의무가 성립하는 분부터 적용

[핵심 요약] 주택분 종합부동산세 계산구조

주택공시가격	[개인별 과세] 공동주택 + 개별주택
−	주택공시가격 → 부동산공시가격 알리미
공제금액	주택 6억원, 1세대 1주택자 11억원
=	
과세기준금액	
×	
공정시장가액비율	2021년 : 95%, 2022년 이후 : 100%
=	
과세표준	
×	
세율(누진세율)	2주택 이하 : 0.6 ~ 3%
=	조정대상 2주택 및 3주택 이상 : 1.2 ~ 6%
종합부동산세	
−	
재산세	종합부동산세 과세표준에 부과된 재산세액
=	
산출세액	
−	
세액공제	[1세대 1주택자] 고령자, 장기보유세액공제
−	
한도초과액	직전년도 대비 1.5 ~ 3배 초과금액
=	
납부세액	종합부동산세 + 농어촌특별세(종부세의 20%)

▶ 개인별 과세

종합부동산세는 개인별로 과세되므로 부부가 각각 부동산을 소유한 경우 부부 개인별 주택공시가격이 6억원을 초과하는 경우 납부의무가 있다.

▶ 종합부동산세 모의 계산

홈택스(우측 하단) → 세금종류별 서비스 → 종합부동산세 간이세액 계산

1세대 1주택자 종합부동산세 세액공제

주택분 종합부동산세 납세의무자가 1세대 1주택자에 해당하는 경우의 주택분 종합부동산세액은 산출세액에서 연령별 또는 보유기간별 공제율에 따른 공제액을 공제한 금액으로 하며, 중복하여 적용한다.

세대

1) 주택 또는 토지의 소유자 및 그 배우자와 그들과 생계를 같이하는 가족으로서 주택 또는 토지의 소유자 및 그 배우자가 그들과 동일한 주소 또는 거소에서 생계를 같이하는 가족과 함께 구성하는 1세대를 말한다
2) 혼인함으로써 1세대를 구성하는 경우에는 혼인한 날부터 5년 동안은 주택을 소유하는 자와 그 혼인한 자별로 각각 1세대로 본다.
3) 동거봉양하기 위하여 합가함으로써 과세기준일 현재 60세 이상의 직계존속과 1세대를 구성하는 경우에는 합가한 날부터 10년 동안 주택을 소유하는 자와 그 합가한 자별로 각각 1세대로 본다.

가족

주택 또는 토지의 소유자와 그 배우자의 직계존비속(그 배우자 포함) 및 형제자매를 말하며, 취학, 질병의 요양, 근무상 또는 사업상의 형편으로 본래의 주소 또는 거소를 일시퇴거한 자를 포함한다.

1세대 1주택자

세대원 중 1명만이 주택분 재산세 과세대상인 1주택만을 소유한 경우로서 그 주택을 소유한 거주자(비거주자가 국내에 1주택을 소유한 경우에는 1주택에 해당하지 않음)를 말한다. 이 경우 다가구주택은 1주택으로 본다.

배우자가 없는 때에도 1세대에 해당하는 경우

1. 30세 이상인 경우
2. 배우자가 사망하거나 이혼한 경우
3. 기준 중위소득의 100분의 40 이상으로서 독립된 생계를 유지할 수 있는 경우. 다만, 미성년자의 경우는 제외한다.

[개정 세법] 1세대 1주택자 고령자 공제율 상향 및 합산 공제한도 확대 (종부세법 §9)

종 전	개 정
□ 1세대 1주택자의 세액공제	
○ 고령자 공제	○ 고령자 공제율 +10%p 인상

연령	공제율(%)	연령	공제율(%)
60 ~ 65세 미만	10	60 ~ 65세 미만	20
65 ~ 70세 미만	20	65 ~ 70세 미만	30
만 70세 이상	30	만 70세 이상	40

○ 장기보유 공제	○ (좌 동)

보유기간	공제율(%)	보유기간	공제율(%)
5 ~ 10년 미만	20	5 ~ 10년 미만	20
10 ~ 15년 미만	40	10 ~ 15년 미만	40
15년 이상	50	15년 이상	50

□ 합산 공제한도 (고령자 공제 + 장기보유 공제)	□ 합산 공제한도 +10%p 인상
○ 최대 70%	○ 최대 70% → 80%

<적용시기> 2021.1.1. 이후 납세의무가 성립하는 분부터 적용

종합부동산세 합산대상에서 제외되는 주택

합산배제 임대주택(종부세법 제8조 ② 1, 시행령 제3조)

아래 요건을 모두 충족하는 임대주택은 종합부동산세에 합산하여야 하는 부동산에 포함하지 않는다. **단, 1주택 이상자가 2018.9.14. 이후 조정대상지역에 새로 등록한 장기임대주택 및 2020.7.11. 이후 등록하는 비조정지역의 아파트도 합산배제되지 않는다.**
(종합부동산세법 시행령 제3조 ① 8)

① 지방자치단체 임대사업자등록 및 관할 세무서 사업자등록
② 10년 이상[8년 → 10년 (2020.8.18. 이후 등록분)] 계속 임대
③ 임대주택 요건 → 해당 주택 임대개시일 또는 최초로 합산배제신고를 한 연도의 과세기준일 공시가격 6억원(수도권 밖 지역 3억원) 이하
④ (2019.2.12. 이후 계약 체결 또는 갱신분부터) 임대료등의 증가율이 100분의 5를 초과하지 않을 것

기타 합산배제 주택등 [종합부동산세법 제8조 ② 2]

① 종업원의 주거에 제공하기 위한 기숙사 및 사원용 주택
② 주택건설사업자가 건축하여 소유하고 있는 미분양주택
③ 가정어린이집용 주택

임대주택 등의 종합부동산세 합산배제 신고

일정한 요건을 갖춘 임대주택, 미분양주택 등과 주택건설사업자의 주택신축용토지에 대하여는 9월 16일부터 9월 30일까지 합산배제 신고를 하는 경우 종합부동산세가 과세에서 제외된다.

종합부동산세 고지 및 납부

종합부동산세는 고지에 의한 납부를 원칙으로 하되, 신고 및 납부를 할 수 있으며, 이 경우 납세의무자는 종합부동산세의 과세표준과 세액을 당해 연도 12월 1일부터 12월 15일까지 관할세무서장에게 신고 및 납부하여야 한다.

고지 및 납부

1) 과세기준일 : 매년 6월 1일
2) 납부기간 : 매년 12월 1일 ~ 12월 15일
3) 분납 : 납부할 세액이 250만원 초과(농특세 제외)시 납부기한 경과일로부터 6개월 이내
- 250만원 초과 500만원 미만 : 250만원 초과금액
- 500만원 초과 : 해당 세액의 50% 이하금액

농어촌특별세

종합부동산세의 20%를 농어촌특별세로 같이 고지하게 되며, 고지된 금액을 하여야 한다.

고지세액을 기한내에 납부하지 아니한 때

납부기한 다음날에 3%의 가산금이 부과되고, 체납된 종합부동산세 또는 농어촌특별세가 100만원 이상인 때에는 매일 0.025%의 납부지연 가산세가 60개월 동안 부과된다.

재산세(지방세)

❏ 재산세 부과기준일 및 과세표준

재산세 부과기준일 및 납세의무자

재산세란 토지, 건물 등의 재산을 보유한 자에 대하여 지방자치단체가 매 년 부과하는 세금으로서 재산세는 매년 **6월 1일** 현재 토지, 건축물, 주택, 선박, 항공기를 소유하고 있는 자에 대하여 지방자치단체가 부과하는 지방세로서 재산세는 과세기준일 현재(매년 6월 1일) 재산을 소유하고 있는 자를 납세의무자로 하여 매년 부과하는 보유세이다. 따라서 아파트, 토지 등을 6월을 전후하여 사고파는 경우에는 누가 재산세를 부담할 것인가를 명확히 하여야 한다.

재산세 과세표준

재산세의 과세표준은 부동산 등의 시가표준액(지방자치단체가 각종 지방세를 부과하기 위하여 책정한 가액)에 공정시장가액비율(주택 60%, 토지 70%)을 곱하여 산정한 가액으로 한다.

▶ 주택

주택가격(주택의 부수토지 포함)에 **60%를 곱한 금액**을 과세표준으로 하며, 주택가격이란 「부동산가격 공시 및 감정평가에 관한 법률」에 의한 공시된 단독 또는 공동주택가격을 말한다.

▶ 건물

행정안전부 기준에 의거 지방자치단체장이 고시한 건물시가표준액에 공정시장가액비율 70%를 곱하여 산정한다.

▶ 서울시 소재 건물 시가표준액 조회
서울시 지방세 인터넷 납부시스템 (서울시 ETAX) 홈페이지
ETAX 이용안내 → 조회/발급 → 주택외 건물시가표준액 조회

▶ 기타 지역 건물 시가표준액 조회
위택스 홈페이지 → 우측 상단 메뉴[≡] 클릭 → 지방세 정보 → 시가표준액 조회

▶ 토지

토지 과세표준은 공시지가에 면적을 곱하여 산출한 가액에 공정시장가액비율 70%를 곱하여 산정하되, 종합합산과세표준·별도합산과세표준·분리과세과세표준으로 구분하며, 그 내용은 다음과 같다.

♣ 공시지가 조회 → 부동산공시가격알리미(국토해양부)

▶ 별도합산 대상 토지
주거용을 제외한 사무실, 점포 등 일반영업용 건축물 부속토지로서 건축물 바닥면적에 용도지역별 적용배율을 곱하여 산정한 면적을 초과하지 아니하는 기준면적 내의 토지가액으로 한다.

◆ 용도지역별 적용배율
- 주거전용지역 : 5배
- 상업·준주거지역 : 3배
- 녹지지역 및 도시계획지역 외 지역 : 7배
- 주거·공업·준공업지역 및 전용공업지역 : 4배

▶ 분리과세 대상 토지 및 세율
- 전, 답, 과수원, 목장용지 및 임야 : 과세표준액의 1,000분의 0.7
- 이 이외의 토지 : 과세표준액의 1,000분의 2

▶ 종합합산 대상 토지

종합합산 대상 토지는 과세기준일 현재 납세의무자가 소유하고 있는 토지 중 별도합산 또는 분리과세 대상 토지를 제외한 토지를 말한다.

재산세 세율 및 납부기한

재산세 세율

▶ 주택 [1세대1주택(9억원이하)]

과세표준	세 율	누진공제	과세표준	세 율	누진공제
6천만 이하	0.10%	-	6천만 이하	0.50%	-
1.5억원 이하	0.15%	3만원	1.5억원 이하	0.10%	3만원
3억원 이하	0.25%	18만원	3억원 이하	0.20%	18만원
3억원 초과	0.40%	63만원	3억원 초과	0.35%	63만원

▶ 건축물

그 밖의 건축물 : 과세표준의 1천분의 2.5

▶ [토지] 종합합산

과세표준	세 율	누진공제
5천만 이하	0.2%	-
1억원 이하	0.3%	5만원
1억원 초과	0.5%	25만원

▶ [토지] 별도합산

과세표준	세 율	누진공제
2억원 이하	0.2%	-
10억원 이하	0.3%	20만원
10억원 초과	0.4%	120만원

▶ [토지] 분리과세대상
1) 전·답·과수원·목장용지 및 임야 : 과세표준의 1천분의 0.7
2) 그 밖의 토지 : 과세표준의 1천분의 2

▶ 재산세 고지금액
재산세 본세 + 재산세 도시지역분 + 지방교육세 + 지역자원시설세

▶ 재산세 도시지역분

재산세 도시지역분은 지방자치단체장이 고시한 도시지역 안에 있는 토지·건축물·주택을 과세대상으로 하고 있으며,(지방세법 112①). 과세표준에 1천분의 1.4를 적용하여 산출한 세액으로 고지가 된다.

▶ 재산분 지방교육세 : 재산세의 100분의 20

▶ 지역자원시설세

과세표준	세 율
600만원 이하	10,000분의 4
600만원 초과 1,300만원 이하	2,400원 + 600만원 초과금액의 10,000분의 5
1,300만원 초과 2,600만원 이하	5,900원 + 1,300만원 초과금액의 10,000분의 6
2,600만원 초과 3,900만원 이하	13,700원 + 2,600만원 초과금액의 10,000분의 8
3,900만원 초과 6,400만원 이하	24,100원 + 3,900만원 초과금액의 10,000분의 10
6,400만원 초과	49,100원 + 6,400만원 초과금액의 10,000분의 12

재산세 납부기한

구 분		납기
토 지		9월 16일부터 9월 30일까지
건축물		7월 16일부터 7월 31일까지
주택	1/2	7월 16일부터 7월 31일까지
	1/2	9월 16일부터 9월 30일까지

SECTION 15

취득세 중과세 및 주택수 계산

취득세 신고·납부 및 세율

취득세 신고 및 납부기한

부동산을 취득한 날로부터 **60일 이내**에 취득세를 신고 및 납부하여야 하며, 취득세 납부시 지방교육세 및 농어촌특별세를 같이 납부하여야 한다. 단 국민주택의 경우 농어촌특별세는 과세되지 않는다.

▶ 부동산 취득과 관련한 세율 요약표 [1주택 기준] (지방세법 제11조)

취득구분	종류		구분	취득세	지방교육세	농어촌특별세	합계
상속	농지			2.3%	0.06%	0.2%	2.56%
	농지외			2.8%	0.16%	0.2%	3.16%
무상취득				3.5%	0.30%	0.2%	4.00%
원시취득				2.8%	0.16%	0.2%	3.16%
유상취득	농지			3.0%	0.20%	0.2%	3.40%
	농지외			4.0%	0.40%	0.2%	4.60%
	주택	6억원 이하	국민주택	1.0%	0.10%	-	1.10%
			기 타	1.0%	0.10%	0.2%	1.30%
		6억원 9억원	국민주택	2~3%	0.20%	-	
			기 타	2~3%	0.20%	0.2%	
		9억원 초과	국민주택	3.0%	0.30%	-	3.3%
			기 타	3.0%	0.30%	0.2%	3.5%

취득세 주요 개정사항(2020.7.10. 주택시장 안정대책)

① 다주택자·법인 취득세율 강화

종전

개인	1주택	주택 가액에 따라 1~3%
	2주택	
	3주택	
	4주택 이상	4%
법인		주택 가액에 따라 1~3%

개정

		조정*	비조정
개인	1주택	주택 가액에 따라 1~3%	
	2주택	8%	1~3%
	3주택	12%	8%
	4주택 이상	12%	12%
법인		12%	

※ 단, 일시적 2주택은 1주택 세율 적용(1~3%)

* 조정 : 조정대상지역, 비조정 : 그 外 지역

② 증여 취득 세율 강화

종전

3.5%

개정

- 조정대상지역내 3억원 이상 12%
- 그 외 : 3.5%

※ 단, 1세대 1주택자가 소유주택을 배우자·직계존비속에게 증여한 경우 3.5% 적용

<시행일> 2020.8.12. 이후 취득하는 분부터 적용

취득세 중과세 및 중과세대상 주택수

1세대가 1주택을 보유한 상태에서 조정대상지역내 소재 주택을 새로 취득하거나 1세대가 2주택을 보유한 상태에서 새로 일반지역이나 조정대상지역의 주택을 취득하는 경우 취득세가 중과세된다. 단, 1주택을 보유한 1세대가 일반지역의 1주택을 취득하는 경우에는 중과세되지 않는다.

취득세 중과세 대상

▶ 조정대상지역 또는 비조정대상지역의 주택 취득 및 중과세
1) 조정지역 1주택 + (신규)조정주택 → 중과세(8%)
2) 비조정지역 2주택 + (신규)비조정지역 → 중과세(8%)
3) 조정대상 2주택 + (신규)비조정지역 주택 취득 → 중과세(8%)
4) 조정지역 2주택 + (신규)조정주택 → 중과세(12%)

▶ 취득세 중과세 관련 1세대의 범위
1) 세대별 주민등록표에 함께 기재된 가족
2) 배우자와 미혼인 30세 미만의 자녀는 세대를 분리하여 거주하더라도 1세대로 간주함 단, 해당 자녀의 소득(근로소득, 사업소득 등)이 기준 중위소득의 40%(월 78만원) 이상으로서 분가하는 경우 부모와 구분하여 별도의 세대로 판단함

▶ 보건복지부 고시 기준 중위소득 [2022년 기준]

구 분	1인가구	2인가구	3인가구	4인가구
월 소득	1,944,812	3,260,085	4,194,701	5,121,080
중위소득의 40%	777,925	1,304,034	1,677,880	2,048,432

★ <주의> 취득세과 관련한 1세대의 범위에는 실제 거주 여부에 관계없이 **주민등록표상에 기재된 가족**으로 한다. 단, 양도소득세 등 국세의 경우에는 실제 동거 여부에 의하여 판단한다.

▶ 동거봉양등으로 세대 합가한 경우 (지방세법 시행령 제26조의3 ② 2)
취득일 현재 65세 이상의 부모(부모 중 한 사람이 65세 미만인 경우 포함)를 동거봉양하기 위하여 30세 이상 자녀, 혼인한 자녀 또는 소득요건을 충족하는 성년인 자녀가 합가한 경우 각각 별도 세대로 간주함

취득세 중과세 세율

▶ 취득세율 → 주택수는 세대 단위로 판단함

구 분	1주택	2주택	3주택	법인, 4주택
조정대상지역	1~3%	8%	12%	12%
非조정대상지역	1~3%	1~3%	8%	12%

(적용례) ① 1주택 소유자가 非조정대상지역 주택 취득시 세율 : 1~3%
② 1주택 소유자가 조정대상지역 주택 취득시 세율 : 8%
③ 2주택 소유자가 非조정대상지역 주택 취득시 세율 : 8%
〈시행시기〉 2020.8.12.이후 취득분부터 적용하되, 2020.7.10.이전 계약분은 종전규정 적용

지방교육세, 농어촌특별세 중과세 세율

■ 지방교육세 중과세 (중과세 대상 주택 → 0.4%)
○ 일반과세 : 주택규모 및 가액에 따라 0.1% ~ 0.3%
○ 중과세대상 주택 : 0.4%

■ 농어촌특별세 중과세 (중과세대상 주택 → 0.3%, 1.4%)
○ 일반과세 : 국민주택 → 없음, 국민주택 규모 초과 주택 0.2%
○ 조정대상지역내 2주택, 일반지역 3주택 0.3%
○ 조정대상지역내 3주택, 일반지역 4주택 1.0%

[개정 세법] 조정대상지역의 증여 취득에 대한 취득세율 인상
2020.8.12. 이후 조정대상지역에 있는 주택으로서 취득 당시 시가표준액이 3억원 이상인 주택을 무상취득하는 경우 **취득세율은 12%** (일반 무상 취득 취득세율 3.5%)로 상향 조정

취득세 관련 주택수 및 중과세 여부

취득세 중과세 관련 주택수에 포함하는 주택

1주택을 보유한 1세대가 조정대상지역의 주택을 새로 취득하거나 2주택 이상을 보유한 1세대가 일반지역의 주택을 새로 취득하는 경우 취득세가 중과세되며, 주택수에 포함하여야 하는 주택은 다음과 같다. (지방세법 시행령 제28조의4)

■ 주택

■ 공동소유주택

1. 동일세대인 경우 1주택으로 봄 → 세대내에서 공동소유하는 경우는 개별 세대원이 아니라 '세대'가 1개 주택을 소유하는 것으로 산정함
2. 별도세대인 경우 각각 주택을 보유한 것으로 봄

■ 상속받은 주택

1. 2020.8.11. 이전 상속받은 주택 : 2025.8.12. 이후 주택수 포함
2. 2020.8.12. 이후 상속주택 : 상속개시일부터 5년 이후 주택수 포함
3. 공동상속주택 : 주된 상속인(상속지분이 가장 큰 자)의 주택에 포함

▶ 지분이 가장 큰 상속인이 두 명 이상인 경우 주택소유자(1 →2)
1. 그 주택 또는 오피스텔에 거주하는 사람
2. 나이가 가장 많은 사람

■ 주택의 부수토지만을 보유한 경우

1세대가 주택의 부수토지만을 소유하고 있는 경우에도 주택수에 포함하므로 주택수 계산시 주의를 하여야 한다.

★ [주의] 양도소득세에서는 주택의 부수토지만을 보유한 경우 주택을 소유한 것으로 보지 않지만 취득세는 주택수에 포함되므로 주의해야 한다.

■ 임대주택 → 장기임대주택으로 등록된 경우에도 주택 수 포함
장기임대주택은 종합부동산세(합산배제) 및 양도소득세 1세대 1주택 비과세(거주주택 비과세) 적용시 주택수에서 제외되나 취득세 주택수 판정, 양도소득세 중과대상 주택수 판정시에는 모두 포함된다.

■ 오피스텔 (주택분 재산세 과세대상) [국세청 100문100답 56P]
2020.8.12. 이후 신규취득하는 오피스텔로서 주택분 재산세가 과세되고 있는 오피스텔. 단, 오피스텔 분양권은 주택수에 포함하지 않는다.
다만, 2020.8.11. 이전 매매(분양)계약을 체결한 경우 주택수에서 제외

■ 분양권 및 조합원입주권 → 주택수에 포함
2020.8.12. 이후 신규취득하는 분양권 및 조합원입주권은 주택수에 포함한다. 다만, 2020.8.12. 전에 매매(분양)계약을 체결한 경우에는 주택수에서 제외

★ 양도소득세 → 2021.1.1. 이후 분양권 취득분을 주택수에 포함

취득세 관련 중과 주택수에 포함하지 않는 주택

1세대의 주택 수를 산정할 때 다음의 어느 하나에 해당하는 주택, 조합원입주권, 분양권 또는 오피스텔은 소유주택 수에서 제외한다.
(지방세법 시행령 제28조의4 ⑤)

■ 주택수 산정일 시가표준액이 1억원 이하인 주택
주택수 산정일 현재 시가표준액(지분이나 부속토지만을 취득한 경우에는 전체 주택의 시가표준액)이 1억원 이하인 주택. 다만, 정비구역으로 지정고시된 지역 또는 사업시행구역에 소재하는 주택은 제외한다.

■ 주택수 산정일 현재 시가표준액이 1억원 이하인 오피스텔

■ 상속받은 주택
1. 2020.8.11. 이전에 상속받은 주택 : 2020.8.12. 이후 5년간 주택수에서 제외함
2. 2020.8.12. 이후에 상속받은 주택 : 상속개시일로부터 5년간 주택수에서 제외함

■ 다음 요건을 모두 충족하는 읍·면지역에 있는 농어촌주택
(지방세법 시행령 제28조 ②)
1. 대지면적이 660제곱미터 이내이고 건축물의 연면적이 150제곱미터 이내일 것
2. 건축물의 가액이 6천500만원 이내일 것
3. 다음 각 목의 어느 하나에 해당하는 지역에 있지 아니할 것
　가. 광역시에 소속된 군지역 또는 수도권지역. 다만, 접경지역과 자연보전권역 중 행정안전부령으로 정하는 지역은 제외한다.
　나. 도시지역 및 허가구역, 지정지역, 그 밖에 관광단지 등

■ 기타
가정어린이집, 노인복지주택복지, 저당권 실행으로 취득한 주택

▶ 공시지가, 기준시가, 시가표준액

구분	표준공시지가	개별공시지가	기준시가	시가표준액
고시기관	국토해양부	시·군·구청	국세청	시·군·구청
용　　도	개별공시지가 산정자료	토지에 대한 국세, 지방세 부과기준	국세 부과기준	지방세 부과 기준

▶ 국세청 기준시가와 지방세 시가표준액 가액은 차이가 있을 수 있다.

취득세 중과세 적용 제외 주택

다음의 어느 하나에 해당하는 주택은 중과세 대상으로 보지 않는다.
(지방세법 시행령 제28조의2)

■ 시가표준액이 1억원 이하인 주택

주택수 산정일 현재 시가표준액(지분이나 부속토지만을 취득한 경우에는 전체 주택의 시가표준액)이 1억원 이하인 주택. 다만, 정비구역으로 지정고시된 지역 또는 사업시행구역에 소재하는 주택은 제외한다.

▶ 오피스텔 취득시 취득세 → 중과세대상 아님

오피스텔 취득 시점에는 해당 오피스텔이 주거용인지 상업용인지 확정되지 않으므로 건축물 대장상 용도대로 건축물 취득세율(4%)이 적용되므로 중과세대상이 아니다.

■ 다음 요건을 충족하는 읍·면에 있는 농어촌주택

(지방세법 시행령 제28조 ②)
1. 대지면적이 660제곱미터 이내이고 건축물의 연면적이 150제곱미터 이내일 것
2. 건축물의 가액이 6천500만원 이내일 것
3. 다음 각 목의 어느 하나에 해당하는 지역에 있지 아니할 것
   가. 광역시에 소속된 군지역 또는 수도권지역. 다만, 접경지역과 자연보전권역 중 행정안전부령으로 정하는 지역은 제외한다.
   나. 도시지역 및 허가구역, 지정지, 그 밖에 관광단지 등

■ 기타
- 가정어린이집, 노인복지주택복지
- 사원에 대한 임대주택으로 전용면적이 60제곱미터 이하인 공동주택

일시적 2주택에 대한 신규 주택 취득세 중과배제

국내에 주택, 조합원입주권, 주택분양권 또는 오피스텔을 1개 소유한 1세대가 종전 주택등을 소유한 상태에서 이사·학업·취업·직장이전 및 이와 유사한 사유로 다른 1주택(신규 주택)을 추가로 취득한 후 3년(종전 주택등과 신규 주택이 모두 조정대상지역에 있는 경우에는 1년) 이내에 종전 주택등을 처분하는 경우 해당 신규 주택을 말한다. [지방세법 시행령 제28조의5]

한편, 양도소득세의 경우 일시적 2주택 요건은 종전주택 취득일로부터 1년 이상이 지난 후 신규주택을 취득하여야 종전 주택 양도(2년 이상 보유한 후 양도)에 대하여 일시적 2주택으로 비과세가 적용되나 지방세법에서는 **종전주택의 1년 이상 보유 규정은 별도로 없다**.

▶ 일시적 2주택자의 종전주택 처분기한

구 분	종전주택 소재지	신규주택	처분기한
비조정대상지역	비조정대상지역	조정대상지역	3년
조정대상지역	조정대상지역	조정대상지역	1년

■ 1주택 소유자가 아파트 분양권을 추가로 취득한 경우, 일시적 2주택을 적용받기 위한 종전 주택 처분기한
아파트 준공 후 주택의 취득일을 기준으로 3년 이내*에 종전 주택을 처분하는 경우에는 일시적 2주택으로 봄
* 종전 주택과 신규 주택이 모두 조정대상지역 소재 시 1년 이내

▶ 취득세 일시적 2주택 및 양도소득세 일시적 2주택 차이
1) 취득세 → 1주택을 보유한 상태에서 분양권, 조합원입주권을 취득한 경우 아파트 **준공 후 3년내**(조정대상 → 조정대상 1년) 종전주택 양도
2) 양도소득세 → 1주택을 보유한 상태에서 분양권, 조합원입주권을 취득한 경우 분양권등을 취득한 날로부터 3년내 양도(예외 규정 있음)

SECTION 16

증여세, 증여재산공제

증여세

증여세 개요

증여세란 타인으로부터 재산을 무상으로 받은 경우에 당해 증여재산에 대하여 부과되는 세금을 말한다. 증여세는 완전포괄주의 과세제도로서 민법상 증여뿐만 아니라 거래의 명칭, 형식, 목적 등에 불구하고 경제적 실질이 무상이전인 경우에도 모두 증여세 과세대상에 해당한다. 이는 「상속세 및 증여세법」에서 열거한 경우에만 증여세를 과세하는 경우 납세자는 법령에 열거되지 아니한 여러 가지 방법을 이용하여 증여세를 부담하지 않을 수 있기 때문이다.

증여재산의 평가

1) 증여받은 재산의 가액은 증여 당시의 시가로 평가한다. 시가란 불특정다수인 사이에 자유로이 거래가 이루어지는 경우에 통상 성립된다고 인정되는 가액을 말하며, 수용가격, 공매가격 및 감정가격 등으로 시가로 인정되는 것을 포함하되, 당해 재산의 매매 등 가액을 우선하여 적용한다.

2) 시가를 산정하기 어려울 때에는 다음의 방법으로 평가한다.
- 토지 및 주택 : 개별공시지가 및 개별(공동)주택가격
- 주택 이외 건물 : 국세청 기준시가(일반건물, 상업용건물 및 오피스텔 등에 대하여 국세청장이 매년 산정·고시하는 가액)

증여재산공제 및 증여세 과세표준

증여재산공제

증여재산공제란 친족 등으로부터 재산을 증여받는 경우 일정금액을 공제하여 주는 것을 말한다. 단, 동일인(직계존속의 경우 그 배우자를 포함함)으로부터 수차에 걸쳐 증여를 받은 경우 증여재산공제는 해당 증여일로부터 10년 이내에 증여를 받은 금액을 모두 합산한 금액에서 해당 금액만을 공제받을 수 있다.

증여자와의 관계	공제금액	비고
배우자	6억원	
직계존속(부모)	5천만원	증여자의 부모, 조부모 등
직계비속(성년자녀)	5천만원	증여자의 자녀, 손자녀 등
직계비속(미성년자)	2천만원	증여자의 자녀, 손자녀 등
기타친족	1천만원	6촌이내 혈족, 4촌 이내 인척

▶ **창업자금에 대한 증여세 과세특례(조세특례제한법 제30조의5)**
거주자가 제조업, 건설업, 음식점업, 통신판매업, 정보통신업 등 증여세 과세특례대상 업종(조세특례제한법 제6조 ③ 참조)을 영위하는 중소기업을 창업할 목적으로 60세 이상의 부모로부터 토지·건물 등을 제외한 재산을 증여받는 경우 5억원을 공제받을 수 있으며, 5억원 초과 30억원까지의 금액에 대하여는 증여세 세율은 100분의 10으로 한다.

증여세 과세표준

증여세 과세표준이란 증여세를 부과하는 기준이 되는 금액으로 증여재산에서 해당 증여재산에 대한 채무, 증여재산공제금액을 차감한 금액으로 한다.

일반적인 경우의 증여세 계산구조

- 증여세 과세가액 = 증여재산가액 - 채무부담액
- 증여세 과세표준 = 증여세 과세가액
  + 10년내 재차증여재산 가산액 - 증여재산공제
- 증여세 산출세액 = 증여세 과세표준 × 세율(10~50%)
- 증여세 자진납부세액 = 증여세 산출세액 - 증여세 신고세액공제 등

▣ 증여세 또는 상속세 세율

과세표준	세 율	누진공제액
1억원 이하	10%	
1억원 초과 5억원 이하	20%	1천만원
5억원 초과 10억원 이하	30%	6천만원
10억원 초과 30억원 이하	40%	1억 6천만원
30억원 초과	50%	4억 6천만원

증여세 신고 및 납부

증여세는 증여를 받은 사람이 신고 및 납부하여야 하며, 증여일이 속하는 달의 말일로부터 3개월 내에 주소지 관할세무서에 증여세를 신고·납부하여야 한다. (증여세의 경우 지방소득세 신고·납부의무는 없음)

부동산을 증여받은 경우 취득세 신고·납부

건물, 토지 등 취득세 과세대상 증여재산을 취득한 자는 부동산 소

재지 관할 시·군·구청에 그 취득한 날로부터 60일 이내에 취득세를 신고 및 납부하여야 한다.

▶ 증여 취득시 납부하여야 하는 취득세 등 [지방세법 제11조]
- 취득세 : 취득가액의 3.5%
- 농어촌특별세 : 0.2%, 지방교육세 : 0.3%

[개정 세법] 조정대상지역의 증여 취득에 대한 취득세율 인상
2020.8.12. 이후 조정대상지역에 있는 주택으로서 취득 당시 지방세법 제4조에 따른 시가표준액이 3억원 이상인 주택을 무상취득하는 경우 **취득세율은 12%** (일반 무상 취득 취득세율 3.5%)로 상향 조정하였다. 단, **1세대 1주택자가 소유한 주택**을 배우자 또는 직계존비속이 무상취득하는 경우는 중과세되지 아니한다.

증여에 대한 자금출처조사

자금출처조사는 부동산을 취득하였다하여 무조건 조사를 하는 것은 아니며, 재산의 취득일로부터 10년 이내 재산취득가액 또는 채무상환 금액의 합계액이 다음의 기준금액 미만인 경우에는 자금출처조사를 하지 않는다. 다만, 기준금액이내라 하더라도 객관적으로 증여 사실이 확인되면 증여세가 과세될 수 있다.

취득자금 중 소명하지 않아도 증여로 보지 않는 금액
소명하지 못한 금액이 ①과 ② 중 적은 금액에 미달할 때에는 취득자금 전체가 소명된 것으로 본다. [상증법 시행령 제34조]
① 취득재산금액 × 20%
② 2억원

재산 취득가액이 10억원 미만인 경우

자금의 출처가 80% 이상 확인되면 나머지 부분은 소명하지 않아도 된다.

재산 취득가액이 10억원 이상인 경우

자금의 출처를 제시하지 못한 금액이 2억원이 넘는 경우에만 증여로 추정하므로 재산 취득가액이 10억원 이상인 경우로서 자금출처를 제시하지 못한 금액이 2억원 미만인 경우 증여세를 추징하지 않는다.

[사례] 취득자금 전체가 소명된 것으로 보는 경우
소명할 금액 15억원 → 13억원 이상 소명

재산취득자금 등의 증여추정 배제

재산취득일 전 또는 채무상환일 전 10년 이내에 주택과 기타재산의 취득가액 및 채무상환금액이 각각 증여추정배제 기준에 미달하고, 주택취득자금, 기타재산 취득자금 및 채무상환자금의 합계액이 총액한도 기준에 미달하는 경우에는 증여추정을 하지 않는다.

▶ 증여추정배제기준 [상속세 및 증여세 사무처리규정 제31조]

구 분	취득재산		채무상환	총액한도
	주택	기타재산		
1. 세대주인 경우				
가. 30세 이상인 자	2억원	5천만원	5천만원	2억5천만원
나. 40세 이상인 자	4억원	1억원		5억원
2. 세대주가 아닌 경우				
가. 30세 이상인 자	1억원	5천만원	5천만원	1억5천만원
나. 40세 이상인 자	2억원	1억원		3억원
3. 30세 미만인 자	5천만원	5천만원	5천만원	1억원

부담부 증여 및 양도소득세

부담부 증여

부담부 증여란 수증자가 증여를 받으면서 증여를 하는 자(증여자)의 채무를 인수하는 것을 말한다. 직계존비속간 부담부 증여에 대하여는 수증자가 증여자의 채무를 인수한 경우에도 당해 채무액은 수증자에게 채무가 인수되지 아니한 것으로 **추정하**나, 당해 채무액을 수증자가 인수한 사실이 객관적으로 입증되는 경우(금융기관 담보채무, 전세계약서 등)에 한하여 수증자가 인수한 채무액을 증여재산의 가액에서 공제할 수 있다. (상속세 및 증여세법 제47조 제3항)

다만, 직계존비속간의 임대차계약은 세금을 회피할 목적으로 실제 금전거래없이 얼마든지 계약서를 작성할 수 있으므로 증여세 신고시 부담부 증여가 있는 경우 과세당국은 실제 거래 여부를 확인하여 수증자가 임대차계약을 명백히 증명하지 못하는 경우 채무를 부당하게 공제한 것으로 보아 증여세를 추징하게 된다.

부담부 증여에 대한 양도소득세

부담부 증여계약으로 증여자의 채무를 수증자가 인수하는 경우에는 증여가액 중 그 채무에 상당하는 부분이 유상으로 사실상 이전되는 것으로 보며, 증여자는 채무에 상당하는 자산부분에 대하여 양도일이 속하는 달의 말일부터 3개월(부담부 증여가 아닌 경우 2개월) 이내에 양도소득세를 신고 및 납부하여야 하며, 수증자는 증여를 받은 날의 말일부터 3개월 이내로 증여세를 신고납부하여야 한다.

▶ **부담부증여 양도가액 및 취득가액**
- 양도가액 : 시가(또는 기준시가) × 채무액/증여가액
- 취득가액 : 실지거래가액 × 채무액/증여가액

SECTION 17

상속세, 상속재산공제

상속세

상속세 개요

상속세는 사람의 사망으로 인하여 그의 배우자 및 자녀 등이 사망자의 재산을 무상으로 취득하는 경우 배우자 및 자녀 등이 취득하는 재산가액에 대하여 「상속세 및 증여세법」에 의하여 상속인에게 과세하는 세금을 말한다.

법정상속 및 유언상속

법정상속이란 피상속인이 별도의 유언을 하지 않은 경우 「민법」의 규정에 의하여 정하여진 지분을 말하며, 유언상속이란 피상속인(사망자)이 생전에 유언에 의하여 본인의 재산을 가족 등에게 재산의 분배를 지정하는 것을 말한다.

▶ 피상속인 및 상속인

피상속인이란 상속인에게 자기의 권리, 의무를 물려주는 사람 즉, 사망한 자를 말하며, 상속인이란 피상속인으로부터 상속을 받는 자를 말한다.

▶ **법정상속분**
배우자 : 1.5
자녀 : 1.0 (장남, 미성년자, 출가한 자녀 모두 구분없음)

▶ **피상속인의 자녀가 없고 배우자 및 부모가 있는 경우**
배우자 : 1.5, 부 : 1.0, 모 : 1.0

상속재산

상속재산이란 피상속인에게 귀속되는 모든 재산을 말하며, 상속개시일 현재 피상속인이 소유하고 있던 재산으로서 금전으로 환가할 수 있는 경제적 가치가 있는 물건 및 권리로서 상속재산에는 다음의 재산을 포함한다.

본래의 상속재산
상속개시 당시 피상속인이 현실적으로 소유하고 있는 경제적 가치가 있는 물건과 재산적 가치가 있는 법률상·사실상의 권리를 말한다.

간주상속재산
상속·유증 및 사인증여라는 법률상 원인에 의하여 취득한 재산은 아니지만, 상속 등에 의한 재산 취득과 동일한 결과가 발생하여 상속재산으로 간주되는 재산을 말한다.

1) 보험금 : 피상속인의 사망으로 인하여 지급받는 생명보험 또는 손해보험의 보험금으로서 피상속인이 보험계약자가 되거나 보험료를 지불한 경우

2) 신탁재산 : 피상속인이 신탁한 재산
3) 퇴직금 등 : 퇴직금, 퇴직수당, 공로금, 연금 또는 이와 유사한 것으로서 피상속인에게 지급될 것이 피상속인의 사망으로 인하여 지급되는 금액

사전 증여재산

1) 상속개시일 전 10년 이내에 피상속인이 상속인에게 증여한 재산가액
2) 상속개시일 전 5년 이내에 피상속인이 상속인이 아닌 자에게 증여한 재산가액

추정상속재산

상속개시일 전에 피상속인이 처분한 재산 또는 부담한 채무로서 일정 금액을 초과하는 경우 그 용도가 객관적으로 명백하지 아니한 경우 상속인이 상속받은 것으로 추정하여 상속세 과세가액에 산입한다.

▶ 상속개시일 전 처분재산 및 인출금액
- 1년 이내 : 재산종류별로 2억원 이상인 경우
- 2년 이내 : 재산종류별로 5억원 이상인 경우

▶ 상속개시일 전에 국가·지방자치단체·금융기관에 부담한 채무
- 1년 이내 : 부담채무 합계액이 2억원 이상인 경우
- 2년 이내 : 부담채무 합계액이 5억원 이상인 경우

유증

유증(遺言)이란 유언에 의하여 재산의 전부 또는 일부를 주는 행위로서 상대방이 없는 단독행위로서 유증에 의하여 취득한 재산은 상속재산에 해당한다.

상속재산에서 공제되는 금액 및 신고·납부

상속재산에서 공제되는 금액

▶ 기초공제액

상속재산에서 특별한 조건없이 **2억원**을 공제받을 수 있으며, 이를 기초공제라 한다.

▶ 배우자 상속공제

피상속인(사망자)의 배우자가 있는 경우 상속재산에서 특별한 조건 없이 **5억원**을 배우자 상속공제받을 수 있다. 다만, 배우자가 실제 상속받은 상속재산이 있는 경우로서 상속재산가액에 배우자 법정상속지분[1.5/3.5(자녀가 2명인 경우)]을 곱한 금액이 5억원 이상인 경우 그 금액을 공제하되, 공제한도액은 30억원이다.

거주자의 사망으로 상속이 개시되는 경우에 아래의 ①, ②, ③중 가장 적은 금액을 배우자상속공제로 적용받을 수 있는 것이며, 배우자가 실제 상속받은 금액이 없거나 아래와 같이 계산한 금액이 5억원 미만인 경우에도 5억원을 상속세과세가액에서 공제가 가능하다.

① 배우자가 실제 상속받은 금액(배우자가 승계하기로 한 채무 공제, 공과금 공제함)
② 배우자의 법정상속분 - 가산한 증여재산중 배우자 수증분의 증여세 과세표준
③ 30억원

▶ **일괄공제 (상속세 및 증여세법 제21조)**

거주자의 사망으로 상속이 개시되는 경우에 상속인은 기초공제액 2억원과 그 밖의 인적공제액을 합친 금액과 5억원 중 큰 금액으로 공제받을 수 있다. 다만, 신고가 없는 경우 5억원을 공제받을 수 있으나 배우자 단독상속의 경우에는 일괄공제를 적용받을 수 없다

▶ **피상속인(사망자)의 배우자와 자녀가 있는 경우 일괄공제**

민법상 법정상속인으로 배우자가 있는 경우에는 배우자공제 5억원을 추가로 받을 수 있으므로, 피상속인이 자녀와 배우자가 있는 경우로서 사망일 전 10년 및 5년 내 상속인과 상속인이 아닌 자에게 증여한 사실이 없는 경우라면, 일괄공제 5억원과 배우자 공제 5억원을 합하여 총 10억원을 공제받을 수 있다

상속세 신고 및 납부 등

상속인(재산을 상속받은 사람)은 상속개시일(사망일)이 속하는 달의 말일로부터 6개월안에 사망자의 주소지 관할세무서에 상속세신고를 하고 자진납부하여야 한다.

▶ 상속세에 대한 지방소득세 신고·납부의무는 없음

상속세 신고는 조세 전문가에게 의뢰하는 것이 적절함

상속세의 경우 상속재산은 시가로 평가하여 신고하여야 하고, 상속추정 및 간주재산, 사전 증여재산에 대한 복합적인 세무문제로 상속인이 직접 신고하기는 현실적으로 매우 어렵다. 따라서 상속재산이 5억원(배우자와 자녀가 있는 경우 10억원)을 넘는 경우로서 상속세로 납부할 금액이 있는 것으로 예상되는 경우 상속인은 상속세 분야에 대한 전문 세무사 등에게 신고를 의뢰하여야 할 것이다.

SECTION 18

주택 구입 담보 대출 자금조달계획서 제출

주택 구입 자금이 부족한 경우 해당 주택을 담보로 금융권에서 대출을 받게 되며, 주택담보대출은 다른 대출이자에 비하여 금리가 매우 낮고 장기간 상환이 가능하므로 대부분의 경우 담보대출을 받아 아파트를 구입하게 된다. 한편, 아파트를 주거목적이 아닌 투기목적으로 분양을 받아 고액의 양도차익을 남겨 시장질서를 교란시키는 경우가 빈번하므로 정부는 주택시장 안정을 위하여 조정대상지역, 투기과열지역등의 경우 정책 목적으로 주택담보대출비율을 대폭 줄이기도 한다.

주택담보대출

아파트 구입과 관련한 대출

조정대상지역, 투기과열지구등으로 특별히 정한 지역이 아닌 경우 통상 분양가액 또는 시가의 60 ~ 70%에 상당하는 금액을 대출받을 수 있다. 다만, 아파트 구입 명의자의 소득이 일정 기준금액 이상되어야 하므로 아파트 청약 또는 구입전에 반드시 금융기관에 문의하여 대출문제로 어려움을 겪지 않도록 미리 준비하여야 한다.

■ 창업 사업자 등의 소득증명

주택 구입명의인이 창업 사업자인 경우로서 소득금액이 증명이 어려운 경우 신용카드 사용금액 또는 건강보험료 납부금액(대출실행전 3개월 간 납부실적)에 의한 추정 소득으로 대출을 받을 수 있으며,
소득이 적어 담보대출에 어려움이 있는 경우 국민건강보험공단에 "국민건강보험 직장가입자 보수월액 변경신청서"를 제출하여 소득금액을 증액하는 방법도 있으므로 미리 준비하여야 한다.

분양 아파트 중도금 대출 및 잔금 대출

아파트의 경우 중도금 대출은 통상 건설시행사가 주관하게 되며, 이 경우 아파트 계약자의 소득금액이 적더라도 대출이 가능하다. 단, 소유권 이전시에는 아파트 계약자 명의로 주택담보대출을 실행하여 건설 시행사가 주관한 중도금대출을 상환하고 주택담보대출을 받게 된다. 이 경우 아파트 계약자의 소득금액에 따라 대출 가능금액이 달라지게 되므로 중도금 대출 신청시에 명의 이전시의 대출가능금액을 반드시 확인하여 낭패를 겪지 않도록 하여야 한다.

대출 금융기관

1) 은행권 : 금리 등은 일반은행이 가장 유리하므로 다른 사성이 없는 한 1차적으로 일반은행에 대출 관련 문의를 하여야 한다.
2) 보험회사 : 보험회사에서도 주택담보대출을 하여 주고 있으며, 시중은행에서 대출연령 제한 등으로 대출에 어려움이 있는 경우 보험회사에 문의하여 보아야 한다.

▶ 부동산 담보대출 가능금액 조회 → '부동산담보대출금액 시티은행'

대출 제한

최근 아파트 가격의 급격한 상승 및 개인 부채의 과도한 증가세로 정부는 주택담보대출을 규제함으로서 금융기관은 주택담보대출 자체를 하지 않거나 그 요건을 엄격히 제한함으로서 대출에 어려움이 예상된다. 다만, 모든 금융기관이 주택담보대출을 전면 중지한 것은 아니므로 대출가능 여부를 금융기관, 새마을금고, 보험회사 등에 확인하여 보아야 한다.

주택담보인정비율(LTV), 총부채상환비율(DTI), DSR

▶ 주택담보인정비율(LTV)

주택담보인정비율(LTV)이란 자산의 담보가치 대비 대출금액 비율을 의미하는 것으로 담보대출을 취급하는 하나의 기준으로 주택가격에 대한 대출액의 비율을 뜻한다. 예를 들어 주택 가격이 4억원이고 LTV가 70%라면 대출 최대 한도는 2억8천만원이다.

LTV = (주택담보대출금액 + 선순위채권 + 임차보증금 및 최우선변제 소액임차보증금) ÷ 담보가치 x 100

▶ 총부채상환비율(DTI)

총부채상환비율(DTI)은 대출상환액이 소득의 일정 비율을 넘지 않도록 제한하기 위해 연간 총소득으로 대출한도를 정하는 제도이다. 예를 들어 연간 소득이 5000만원이고 DTI가 40%면 총부채의 연간 원리금 상환액이 2000만원을 넘지 않도록 제한하는 것이다.

DTI (총부채상환비율) → 금융위원회에서 규정함
[주택대출 원리금 상환액 + 기타 대출이자 상환액] ÷ 연간 소득

▶ 조정대상지역, 투기과열지구, 일반지역 LTV · DTI 비율

주택가격	구분		투기과열지구 투기지역		조정대상 지역		조정대상 지역 外 수도권		기타	
			LTV	DTI	LTV	DTI	LTV	DTI	LTV	DTI
일반주택	서민실수요자		60% 50%	60%	70% 60%	60%	70%	60%	70%	60%
	무주택 세대		40%	40%	50%	50%	70%	60%	70%	60%
	1주택 세대	원칙	0%	-	0%	-	60%	50%	60%	50%
		예외	40%	40%	50%	50%	60%	50%	60%	50%
	2주택 이상		0%	-	0%	-	60%	50%	60%	50%
고가주택	무주택·1주택		20%	40%	30%	50%	60%	50%	60%	50%

▶ 투기과열지구 서민실수요자 LTV : 6억 이하 60%, 6억 ~ 9억 50%
▶ 조정대상지역 서민실수요자 LTV : 5억 이하 70%, 5억 ~ 8억 60%

▶ 총부채원리금상환비율(DSR) 관리 강화

DSR(Debt Service Ratio)은 '총부채원리금상환비율'로 대출을 받으려는 사람의 소득 대비 전체 금융 부채의 원리금 상환 비율을 의미한다. 간단히 말해 대출을 받는 사람이 모든 금융 회사에 보유한 대출 원금 및 이자 상환액이 얼마나 부담이 되는지를 의미하며 수치가 낮을수록 상환 능력이 높다고 볼 수 있다.

DSR (총부채원리금상환비율) → 각 금융회사별로 관리함
[주택대출 원리금 상환액 + 기타 대출 원리금 상환액] ÷ 연간 소득

> LTV, DTI, DSR 비율은 변경될 수 있으며, DSR 비율은 은행별 기준이 다르므로 주택구입 전에 반드시 금융기관에 주택구입 명의인의 LTV, DTI, DSR 비율을 알아보고, 대출가능금액을 문의하여야 한다.

무주택세대의 조정대상지역내 주택 취득과 주택담보대출

[1] 서민·실수요자 주택담보대출 우대요건 완화 및 우대혜택 확대

① 소득기준 (우대요건)
- 부부합산 소득기준 : 0.8 → 0.9억원
- 생애최초 0.9 → 1억원

② 주택가격 기준
- 투기지역 6억원 → 9억원
- 조정대상지역 5억원 → 8억원

③ (우대혜택) 무주택자로 ① + ② 요건 충족시
LTV 10%p 우대 → 최대 20%p* 우대로 확대 등
* 단, 대출 최대한도는 4억원 이내이며, 차주단위 DSR 한도 이내로 한정

▶ 서민 실수요자 LTV · DTI 비율

구분	종전		개선	
	투기과열지구	조정대상지역	투기과열지구	조정대상지역
우대요건	무주택 세대주(공통)		무주택 세대주(유지)	
소득기준	부부합산 연소득 0.8억 이하 생애최초구입자 0.9억 이하		부부합산 연소득 0.9억 이하 생애최초구입자 1.0억 미만	
주택기준	6억원 이하	5억원 이하	9억원 이하	8억원 이하
우대수준			최대 4억원 한도(공통)	
① LTV	50%	60%	(~6억) 60% (6~9억) 50%	(~5억) 70% (5~8억) 60%
② DTI*	50%	60%	60%	60%
③ DSR	은행권 40% 비은행권 60%		은행권 40% 비은행권 60%	

- DTI는 차주단위 DSR 미적용 차주에 대해 적용(차주단위 DSR적용 차주는 DSR 적용)
- 비은행권 : 보험회사

<시행시기> 2021년 7월 1일부터

[사례] 연소득 8,100만원, 주택가격, 6억원, 대출만기 30년 가정 주택 구입시, 투기지역과 조정지역에서의 주담대 한도는 각각 1.2억원(2.4억원 → 3.6억원), 1.0억원(3.0억원 → 4.0억원) 증가

	주담대 한도			차주단위 DSR 한도
	투기지역	조정지역	非규제지역	
규제완화 전	2.4억원 (LTV 40%)	3.0억원 (LTV 50%)	4.2억원 (LTV 70%)	6.4억원(원리금균등 분할상환시)
규제완화 후	3.6억원*	4.0억원	4.2억원	

(투기지역) 6억원 X 0.6 = 3.6억원
(조정지역) 5억원 X 0.7 + (6-5)억원 X 0.6 = 4.1억원 → 한도적용으로 4.0억원
- LTV 한도 : 5억원 이하 70%, 5억원 ~ 8억원 60%

▶ 일반지역에서 조정대상지역 등으로 지정이 된 경우
계약 당시에는 조정대상지역이 아니었으나 청약 당첨 또는 계약금 납부 후 잔금청산일 기간 중 조정대상지역으로 지정이 된 경우 기존과 동일한 기준으로 LTV 적용

[2] 보금자리론 대출지원 한도 : 3억원 → 3.6억원으로 상향
보금자리론은 최대 LTV 70%까지 적용 가능(6억원 이하 주택 & 소득 7천만원 이하 가구)

▶ 보금자리론 → 한국주택금융공사가 공급하는 주택담보대출로 장기고정금리 방식으로 대출받은 날부터 만기까지 고정금리가 적용된다.

[3] 서민·실수요자 요건에 해당하지 않는 무주택세대
[조정대상지역] 50%(9억원 이하분) / 30%(9억원 초과분)
[투기과열지구] 40%(9억원 이하분) / 20%(9억원 초과분)

1주택 세대

규제지역내 주택 신규 구입을 위한 주택담보대출 원칙적으로 금지, 단, 추가 주택구입이 이사(일시적 2주택)나 부모봉양 등 실수요이거나 불가피한 사유로 판단되는 경우 예외 허용

▶ 1주택세대 실수요자 보호방안

1) 1주택세대는 기존주택을 6개월 이내 처분시 예외적으로 허용
2) 무주택세대와 동일한 LTV·DTI 비율 적용

1주택을 보유한 1세대가 거주 이전을 위하여 조정대상지역에 소재한 주택을 새로 취득하는 경우

1주택을 보유한 세대가 거주 이전을 위하여 일반지역의 신규 주택을 취득하였으나 청약당첨 또는 계약일 이후에 조정대상지역으로 지정이 된 경우 기존 주택 처분조건부 약정은 계약 당시의 기준을 적용하여야 하는 것으로 판단됨

▶ 2020.7.1. 이후 1주택을 보유한 1세대가 조정대상지역 등에 소재한 신규주택을 구입하는 경우 종전 주택 처분기한
[개정] 투기과열지구 : 1년 → 6개월, 조정대상지역 : 2년 → 6개월

▶ 대출한도
1) 중도금대출을 받는 경우, 종전과 같이 비규제지역 LTV 70% 적용
2) 잔금대출은 조정대상지역, 투기과열지구에 적용되는 LTV규제 적용
[조정대상지역] 50%(9억원 이하분) / 30%(9억원 초과분)
[투기과열지구] 40%(9억원 이하분) / 20%(9억원 초과분)
- 중도금대출을 받은 범위 내에서 종전의 LTV 적용
- 잔금대출 LTV 산정시 시세 기준으로 산정(잔금대출은 중도금 상환후 새로 대출이 실행되는 것임)

조정대상지역, 투기과열지구 고가주택(시가 9억원 초과)

1) 실거주 목적인 경우를 제외하고는 주택담보대출 금지
2) 단, 무주택세대가 주택구입 후 6개월 내 전입하는 경우 등은 예외적으로 허용

조정대상지역, 투기과열지구 2주택 이상 보유세대

조정대상지역 등 규제지역내 주택 신규 구입을 위한 주택담보대출 금지(LTV = 0)

국가법령정보센터 → 행정규칙 → 현행 행정규칙 → (검색어) 투기과열지구

지정일자	투기과열지구 지정 및 해제
2017. 08. 03.	(서울특별시) 전역, (경기도) 과천시 세종특별자치시[주1)
2017. 09. 06.	(경기도) 성남시 분당구, 대구광역시 수성구
2018. 08. 28.	(경기도) 광명시, 하남시
2020. 06. 19.	(경기도) 수원, 성남수정, 안양, 안산단원, 구리, 군포, 의왕, 용인수지·기흥, 동탄2[주2) (인천광역시) 연수, 남동, 서 (대전광역시) 동, 중, 서, 유성
2020.12. 18	창원시 의창구[주3)
2021.08. 30	[해제] 의창구 동읍, 북면 제외(다만, 북면 감계리 일원 감계지구, 무동리 일원 무동지구는 투기과열지구 지정을 유지)

주1) 건설교통부고시 제2006-418호에 따라 지정된 행정중심복합도시 건설 예정지역으로, 「신행정수도 후속대책을 위한 연기·공주지역 행정중심복합도시 건설을 위한 특별법」제15조제1호에 따라 해제된 지역을 포함
주2) 화성시 반송동·석우동, 동탄면 금곡리·목리·방교리·산척리·송리·신리·영천리·오산리·장지리·중리·청계리 일원에 지정된 동탄2택지개발지구에 한함
주3) 대산면 제외

주택 구입과 자금조달계획서 제출의무

정부는 부동산 투기를 근절하기 위하여 **투기과열지구 또는 조정대상지역에 소재하는 주택을 매수하거나(금액 무관)** 비규제지역의 경우 실제 거래가격이 6억원 이상인 주택을 매수하는 경우 **거래계약의 체결일부터 30일 이내에** 주택취득자금 조달 및 입주계획서 제출을 의무화하고 있으며, 자금조달계획서를 제출하지 않는 경우 과태료 등을 부과당하게 되므로 주택 구입 시 각별히 유의하여야 한다.

❓ 자금조달계획서 및 증빙자료 제출

자금조달계획서 제출대상 확대

규제지역(투기과열지구·조정대상지역) 내 주택 거래 신고 시 「주택취득자금 조달 및 입주계획서(자금조달계획서)」 제출이 의무화된다.

이에 따라, 2020.10.27. 이후 거래계약분부터는 투기과열지구 또는 조정대상지역 내 3억원 미만 주택 거래계약을 체결하는 경우에도, 관할 시·군·구에 실거래 신고시(부동산중개사무소를 통하여 거래를 하는 경우 공인중개사가 신고함) 자금조달계획서를 같이 제출하여야 한다.

[개정] 규제지역 내 모든 주택거래 시 자금조달계획서 제출
(종전) 규제지역 3억원 이상, 非규제지역 6억원 이상 주택 거래시 자금조달계획서 제출
(개정) 규제지역 내 모든 주택거래 시 자금조달계획서 제출(非규제지역은 기존과 동일)
<시행시기> 2020. 10. 27. 이후 거래계약을 체결하는 분부터

▶ 주택취득자금 조달 및 입주계획서 양식 → (구글)에서 검색

▶ 자금조달계획서 기재 항목별 증빙자료

기재 항목		증빙자료
자기자금	금융기관 예금액	예금잔액증명서 등
	주식·채권 매각대금	주식거래내역서, 잔고증명서 등
	증여·상속	증여·상속세 신고서, 납세증명서 등
	현금 등 그 밖의 자금	소득금액증명원, 근로소득원천징수영수증 등
	부동산 처분대금 등	부동산매매계약서, 부동산임대차계약서 등
차입금 등	금융기관 대출액 합계	금융거래확인서, 부채증명서, 대출신청서 등
	임대보증금 등	부동산임대차계약서
	회사지원금·사채, 기타 차입금 등	금전 차용을 증빙할 수 있는 서류 등

■ 부동산 거래신고 등에 관한 법률 제28조(과태료)
□ 부동산 거래신고 등에 관한 법률 시행령 [별표 1]
<신설 2020. 10. 27.>
부동산 거래 신고사항(제3조제1항 관련)
[구분]
3. 법인 외의 자가 **실제 거래가격이 6억원 이상인 주택**을 매수하거나 **투기과열지구 또는 조정대상지역에 소재하는 주택**을 매수하는 경우

[신고사항]

가. 거래대상 주택의 취득에 필요한 자금의 조달계획 및 지급방식. 이 경우 투기과열지구에 소재하는 주택의 거래계약을 체결한 경우 매수자는 자금의 조달계획을 증명하는 서류로서 국토교통부령으로 정하는 서류를 첨부해야 한다.

나. 거래대상 주택에 매수자 본인이 입주할지 여부, 입주 예정 시기 등 거래대상 주택의 이용계획

□ 부동산 거래신고 등에 관한 법률 시행령 [별표 3] <개정 2021. 5. 31.>
□ 과태료의 부과기준(제20조 관련)

위반행위	근거 법조문	과태료
1) 법 제3조제1항부터 제4항까지 또는 제3조의2제1항을 위반하여 같은 항에 따른 신고를 하지 않은 경우(공동신고를 거부한 경우를 포함한다)	법 제28조 제2항제1호 및 제1호의2	
가) 신고 해태기간이 3개월 이하인 경우		
(1) 실제 거래가격이 1억원 미만인 경우		10만원
(2) 실제 거래가격이 1억원 이상 5억원 미만인 경우		25만원
(3) 실제 거래가격이 5억원 이상인 경우		50만원
나) 신고 해태기간이 3개월을 초과하는 경우 또는 공동신고를 거부한 경우		
(1) 실제 거래가격이 1억원 미만인 경우		50만원
(2) 실제 거래가격이 1억원 이상 5억원 미만인 경우		200만원
(3) 실제 거래가격이 5억원 이상인 경우		300만원

■ 저자 이진규 (약력)
(현)삼일인포마인 세무상담위원
(현)비즈폼, 이지분개 세무상담위원
　　20여년간 세무상담
(현)경영정보사 도서 집필 및 발간
(전)국세청 세무조사관

■ 저자 저서
법인관리 및 법인세무 컨설팅
법인기업의 세무회계실무
세법의 가산세 및 세무회계실무
부가가치세 및 원천세 실무
세금개요 및 절세

부동산 세금 핵심 요약본
조정대상지역 양도소득세 절세

2022. 03. 07. 제2판 발행
저　　자 : 이 진 규
발 행 인 : 강 현 자
발 행 처 : 경영정보사
신고번호 : 제2021 - 00026호

주　　소 : 대구시 동구 동촌로 255
　　　　　태왕 아너스 101동 401호
전　　화 : 080 - 250 - 5771
홈페이지 : www.ruddud.co.kr
E-Mail　 lee24171@naver.com

정　　가　 13,000원
(계좌번호)　농협 301-0297-5681-61
　　　　　 예금주 강현자

> 2022년 5월 10일 이후 다주택자
> 양도소득세 중과세 한시 배제 등
> 〈본문 → 5.10. 개정 이전 내용임〉

[1] 다주택자의 조정대상지역 소재 주택 양도시 양도소득세 중과 한시 배제 (종전 규정 : 본서 72P ~ 90P)

(소득세법 시행령 제167조의3제1항제12의2호, 제167조의4제3항제6의2호, 제167조의10제1항제12의2호 및 제167조의11제1항제12호 신설)

다주택자가 보유기간이 2년 이상이고 조정대상지역에 소재하는 주택을 2023년 5월 9일까지 양도하는 경우 양도소득세 중과를 배제함으로써 과도한 세부담을 합리화하고 부동산 시장 안정을 도모함.

[현행] 조정대상지역 內 주택 양도 시 양도소득세 중과세율 적용 및 장기보유특별공제 배제
- 세율: 기본세율(6~45%) + 20%p(2주택) 또는 30%p(3주택 이상)
- 장기보유특별공제: 배제

[개정] 보유기간 2년 이상인 조정대상지역 內 주택을 '22.5.10일부터 '23.5.9일까지 양도 시 기본세율 및 장기보유특별공제 적용
- 세율: 기본세율(6~45%)
- 장기보유특별공제*: 적용
* 보유기간 3년 이상인 경우 적용,
  15년 이상 보유 시 최대 30% 공제(연 2%)

□ **소득세법 시행령 일부 개정령**

[부 칙] 제1조(시행일) 이 영은 공포한 날부터 시행한다.
제2조(양도소득세에 관한 적용례) 이 영 중 양도소득세에 관한 개정규정은 2022년 5월 10일 이후 양도하는 분부터 적용한다.

■ **다주택자에 대한 양도소득세 중과 1년간 한시 배제**
(§167의3①12의2, §167의4③6의2, §167의10①12의2)

종 전	개 정
□ 다주택자가 조정대상지역 내 주택 양도시 양도세 중과제외 대상 ㅇ 수도권·광역시·특별자치시 외 지역 3억 이하 주택·조합원입주권 ㅇ 장기임대주택 등 (§167의3①2가~바) ㅇ 조특법상 감면대상 주택 ㅇ 장기사원용 주택, 장기어린이집 ㅇ 상속주택, 문화재주택 등 ㅇ 동거봉양, 혼인, 취학, 근무, 질병 등 사유로 인한 일시적 2주택 등 ㅇ 보유기간 10년 이상인 주택 ('19.12.17~'20.6.30 양도분) <추 가>	□ 보유기간 2년 이상인 주택 양도를 중과 제외 대상에 추가 ㅇ (좌 동) ㅇ 보유기간 2년 이상인 주택 ('22.5.10~'23.5.9 양도분)

<적용시기> '22.5.10.부터 '23.5.9.까지 양도하는 분에 적용

[2] 1세대 1주택 양도소득세 비과세 보유기간 재기산 제도 폐지 (종전 규정 : 본서 42P, 47P 48P)

(소득세법 시행령 제154조제5항)

1세대 1주택 양도소득세 비과세를 적용받기 위한 2년 보유기간을 계산할 때 다주택자가 1주택을 제외한 모든 주택을 처분하여 최종 1주택을 보유하게 된 날부터 재기산하는 규정을 삭제하여 매물출회를 유도하고 부동산 시장 안정을 도모함.

[현행] 양도일 현재 2년 이상 보유·거주* 시 1세대 1주택 비과세 적용
  * 거주요건은 '17.8.3. 이후 조정대상지역 소재 주택 취득분에 한해 적용
- 다주택자의 경우 1주택을 제외한 모든 주택을 양도하여 최종적으로 1주택자가 된 날부터 보유·거주기간 재기산*
* '19.2.12 개정 → '21.1.1 시행(약 1년 10개월 유예기간 부여)

(현행) 3주택자의 경우 보유·거주기간 재기산 시 비과세 시점
2021.1.1. 취득한 C주택 보유·거주기간이 2023.1.1.부터 재기산되어
2년 요건을 충족하는 2025.1.1. 이후 양도 시 비과세 가능

C주택 취득: 2021.1.1.	C주택 양도: 2023.1.1. ⇒ 비과세 배제	C주택 양도: 2025.1.1. 이후 ⇒ 비과세
C주택 : 다주택 보유기간(2년)	보유·거주기간 2년 충족	⇒ 1주택 비과세
B주택 : 2주택 상황		
A주택 : 3주택 상황	↑B주택 양도	
	↑A주택 양도	

[개정] 주택 수와 관계없이 주택을 실제 보유·거주한 기간을 기준으로 보유·거주기간을 계산하여 1세대 1주택 비과세 적용

(개정) 3주택자의 경우 보유·거주기간 재기산 제도 폐지 시 비과세 시점
2021.1.1. 취득한 C주택 보유·거주기간이 재기산되지 않고
2021.1.1.부터 기산되므로, 2023.1.1. 이후 양도 시 비과세 가능

■ 1세대 1주택 양도소득세 비과세 보유·거주기간 재기산 제도 폐지 (§154⑤)
ㅇ (대상) 1세대가 양도일 현재 국내에 보유하고 있는 1주택
ㅇ (요건) 2년 이상 보유 - 조정대상지역 내 주택('17.8.3일 이후 취득)의 경우 보유기간 중 2년 이상 거주
ㅇ (보유·거주기간 계산) 해당 주택의 취득·전입일부터 기산
 <적용시기> '22.5.10. 이후 양도하는 분부터 적용

[3] 일시적 2주택 양도소득세 비과세 요건 완화
(종전 규정 : 본서 56P, 57P)

(소득세법 시행령 제155조제1항제2호)

종전주택과 신규주택이 모두 조정대상지역에 소재한 일시적 1세대 2주택자에 대해 종전주택 양도 시 비과세를 적용받기 위한 양도기한을 신규주택 취득일부터 1년 이내에서 2년 이내로 완화하고, 신규주택으로 세대전원이 이사 및 전입신고해야 하는 요건을 삭제하여 납세자 불편을 해소하고 과도한 규제를 합리화함.

종전주택	신규주택	중복기간	시행시기
조정대상지역	비조정대상지역	3년	
비조정대상지역	조정대상지역	3년	
비조정대상지역	비조정대상지역	3년	
조정대상지역	조정대상지역	2년	('18.09.14. 이후 취득)
조정대상지역	조정대상지역	1년	('19.12.17. 이후 취득)

[개정] 종전·신규주택 모두 조정대상지역인 경우 종전주택 양도기한을 1→2년으로 완화하고, 세대원 전원 신규주택 전입요건 삭제

* 기타의 경우 양도기한 3년 유지

조정→조정대상지역 이사하는 경우 요건 완화 시 비과세 가능 기간
⇒ 2021.1.1. 신규주택 취득 시 2년 이내인 2022.12.31.까지 비과세 가능

| 종전주택 취득 2018.1.1. ↓ | 종전주택 양도 2022.12.31. 이전 ⇒ 비과세 ↓ | 종전주택 양도 2023.1.1. 이후 ⇒ 비과세 배제 ↓ |

종전주택 :

신규주택 :

일시적 2주택 상황 : 2년 허용

↑ 신규주택 취득: 2021.1.1.

[22.7.5.] 조정대상지역 및 투기과열지구 해제

국토교통부는 6.30일 '22년 제2차 주거정책심의위원회를 개최하여 「투기과열지구 및 조정대상지역 조정(안)」을 심의·의결하였으며, 관보 게재가 완료되는 2022. 7. 5.(화) 0시부터 효력이 발생한다.

▶ 투기과열지구 해제지역
○ 대구 수성구('17. 9. 6. 지정)
○ 대전 동구·중구·서구·유성구
○ 경남 창원 의창구
○ 안산 단원구 대부동동·대부남동·대부북동·선감동·풍도동

▶ 조정대상지역 해제지역 → 대구광역시의 경우 수성구를 제외한 전지역 해제
○ 대구 동구·서구·남구·북구·중구·달서구·달성군 ('20.12.18. 지정)
○ 경북 경산시, 전남 여수시·순천시·광양시
○ 안산 단원구 대부동동·대부남동·대부북동·선감동·풍도동, 화성 서신면

[도서 내용 수정] 20P, 202P
■ 농어촌특별세 중과세 세율 (중과세대상 주택 → 0.6%, 1.0%)
○ 일반과세 : 국민주택 → 없음, 국민주택 규모 초과 주택 0.2%
○ 조정대상지역내 2주택, 일반지역 3주택 0.6%
○ 조정대상지역내 3주택, 일반지역 4주택 1.0%

[22.9.26.] 지방 광역시·도 조정대상지역 전면 해제

○ 수도권은 인천 투기과열지구 해제
○ 경기 외곽 5곳 조정대상지역 해제
○ 세종 투기지역·투기과열지구 해제

□ 국토교통부는 주택가격 등 시장상황을 종합 고려하여 주거정책심의위원회에서 규제지역 조정(안)을 심의하였습니다. 심의 결과 해제지역은 다음과 같습니다.

[해제지역] (광역시) [부산] 해운대·수영·동래·남·연제·서·동·영도·부산진·금정·북·강서·사상·사하구, [대구] 수성구, [광주] 동·서·남·북·광산구
[대전] 동·중·서·유성·대덕구, [울산] 중·남구
(道) 청주, 천안 동남·서북, 논산, 공주, 전주 완산·덕진, 포항 남, 창원 성산

- 다만, 세종시의 경우, 최근 지속 확대된 주택가격 하락폭 등을 감안하여 투기과열지구를 해제하되, 적은 미분양 현황, 높은 청약경쟁률 등을 감안하여 조정대상지역은 유지하기로 하였습니다.
- 다만, 인천 지역은 가격 하락폭이 큰 점 등을 감안하여 투기과열지구를 우선 해제하고, 경기 지역은 접경지역 등 외곽 소재 조정대상지역 일부를 해제키로 결정하였습니다.

[해제지역] (투기과열지구) 인천 서·남동·연수구
(조정대상지역) 안성, 평택, 동두천, 양주, 파주

< 규제지역 해제 효력발생 시점 >
□ 이번에 의결된 「2022년 9월 주택 투기지역 해제(안)」과 「투기과열지구 및 조정대상지역 조정은 관보 게재가 완료되는 9.26일(월) 0시부터 효력이 발생합니다.

참고 1   규제지역 현황 ('22.9.26일 기준)

금번 해제지역 → 글자 삭제 표시 / * 주석표시는 일부지역 제외

	투기과열지구(43→39곳)	조정대상지역(101→60곳)
서울	전 지역('17.8.3)	전 지역('16.11.3)
경기	과천('17.8.3), 성남분당('17.9.6), 광명·하남('18.8.28), 수원·성남수정·안양· 안산단원[주1]·구리·군포·의왕· 용인수지·기흥·동탄2[주2]('20.6.19)	과천·성남·하남·동탄2[주2]('16.11.3), 광명('17.6.19), 구리·안양동안·광교지구[주3]('18.8.28), 수원팔달·용인수지·기흥('18.12.31), 수원영통·권선·장안·안양만안· 의왕('20.2.21) 고양·남양주[주4]·화성[주5]·군포· 부천·안산[주6]·시흥·용인처인[주7]· 오산·안성[주8]·평택·광주[주9]·양주[주10]· 의정부('20.6.19) 김포[주11]('20.11.20) 파주[주12]('20.12.18) 동두천시('21.8.30)[주13]
인천	연수·남동·서('20.6.19)	중[주14]·동·미추홀·연수· 남동·부평·계양·서('20.6.19)
부산	-	해운대·수영·동래·남· 연제('20.11.20) 서·동·영도·부산진·금정·북·강서· 사상·사하('20.12.18)
대구	-	수성('20.11.20)
광주	-	동·서·남·북·광산('20.12.18)
대전	-	동·중·서·유성·대덕('20.6.19)
울산	-	중·남('20.12.18)
세종	세종[주15]('17.8.3)	세종[주15]('16.11.3)
충북	-	청주[주16]('20.6.19)
충남	-	천안동남[주17]·서북[주18]·논산[주19]· 공주[주20]('20.12.18)
전북	-	전주완산·덕진('20.12.18)
전남	-	-
경북	-	포항남[주21]('20.12.18)
경남	-	창원성산('20.12.18)

[22.11.14.] 규제지역 서울 및 연접 4곳 외 모두 해제

□ 국토교통부는 11.9(수)'22년 제4차 주거정책심의위원회에서 「투기과열지구 및 조정대상지역 조정(안)」을 심의·의결하고, 11.10(목) 제3차 부동산관계장관회의에서 그 결과를 발표하였다.
이번 심의를 통해, 서울, 서울과 연접한 과천, 성남(분당·수정), 하남, 광명을 제외한 경기도 전역, 인천, 세종을 규제지역에서 해제하기로 결정하였다.

□ 투기과열지구의 경우에는 경기도 9곳①을 해제하였고, 조정대상지역은 경기도 22곳② 및 인천 전 지역(8곳)③, 세종 등 총 31곳을 해제키로 하였다.

① [투기과열지구 해제] 수원, 안양, 안산단원, 구리, 군포, 의왕, 용인수지·기흥, 동탄2
② [조정대상지역 해제(경기)] 수원팔달·영통·권선·장안, 안양만안·동안, 안산, 구리, 군포, 의왕, 용인수지·기흥·처인, 고양, 남양주, 화성, 부천, 시흥, 오산, 광주, 의정부, 김포, 동탄2, 광교지구, 성남(중원)
③ [조정대상지역 해제(인천)] 인천 중·동·미추홀·연수·남동·부평·계양·서구

□ 이번 규제지역 해제는 2022.11.14일(월) 0시부터 효력이 발생한다.

규제지역 현황 ['22. 11. 14일 기준]

	투기과열지구	조정대상지역
서울	전 지역('17.8.3)	전 지역('16.11.3)
경기	과천('17.8.3), 성남분당('17.9.6) 광명·하남('18.8.28) 성남수정'20.6.19)	과천'16.11.3) 성남분당·수정('16.11.3) - 성남시 중원구 조정대상지역 해제 하남('16.11.3) 광명('17.6.19)

조정대상지역 해제시 바뀌는 것들

[1] 해제일 이후 2주택 이상자 양도소득세 중과세 배제

(중과세) 중과세대상 2주택 세대 조정지역 20%, 3주택 이상 세대 30%
(현행) '22.5.10. 부동산 세금 완화 조치 → 소득세법 시행령 개정
'22.5.10. ~ '23.05.09. 기간 중 2주택 이상자가 조정대상지역 소재 주택을 양도하더라도 중과세 배제

[2] 1세대 1주택 비과세 2년 이상 거주요건이 없어짐

주택이 없는 1세대가 조정대상지역 해제일 이후 주택을 취득하는 경우 2년 보유만 하면 1세대 1주택 비과세를 적용받을 수 있음. 단, 조정대상지역 지정일 ~ 해제일 기간 취득한 주택은 조정대상지역에서 **해제되더라도 2년 이상 거주**하여야 함 [조정지역 해제 전 계약 → 해제일 이후 잔금청산 거주 (×)]

▶ 대구 지역(수성구 제외) '20.12.18.(지정) ~ '22.7.4. 취득분 (잔금청산일 기준)

▷ <u>무주택자가 조정대상지역 지정 전에 주택을 계약하였으나 잔금청산일 전 조정대상지역으로 지정된 경우</u> → 일반지역 주택 요건

조정대상지역의 공고가 있은 날 이전에 매매계약을 체결하고, 계약금을 지급한 사실이 증빙서류에 의하여 확인되는 경우로서 해당 거주자가 속한 1세대가 **계약금 지급일 현재 주택을 보유하지 아니한 경우(무주택세대)**에 향후 해당 주택 양도시 1세대 1주택 판정시에는 2년 거주 요건은 적용하지 않는다.

▷ <u>유주택자(일시적 2주택 등)가 조정대상지역 지정 전에 주택을 계약하였으나 잔금청산일 전 조정대상지역으로 지정된 경우</u> → 2년 거주
종전주택을 처분한 이후 대체주택에서 2년 이상 거주를 하여야 함
[사례] 대구 서구 주택 보유 → '20.11.10. 대구 달서구 주택 계약 → '20.12.18 조정대상지역 지정 → '20.12.20. 잔금청산

[3] 일시적 2주택 종전주택 처분 기간 → 3년 이내

(종전) [주거 이전] 조정대상 → (신규)조정대상 1년
(현행) '22.5.10. 부동산 세금 완화 조치 조정대상 → (신규)조정대상
종전주택 처분기간 : 1년 → 2년
[사례] (종전 주택) 수성구 → (대체 주택) 달서구 주택 취득
→ 3년 이내 수성구 종전주택 처분시 비과세

[4] 2주택자 종합부동산세 인하

○ 2주택 이하 (조정대상지역 내 2주택 제외) 0.6% ~ 3%
○ 조정대상지역 2주택 및 3주택 이상 1.2% ~ 6%

▣ 취득세 중과세 완화

1주택자가 비조정지역 다른 주택 취득→ 취득세 중과세 안됨

- 조정지역 1주택 + (신규)조정주택 → 중과세(8%)
- 조정지역 1주택 + (신규)비조정주택 → 일반과세(1% ~ 3%)
- 비조정지역 2주택 + (신규)비조정지역 → 중과세(8%)
○ 비조정지역 6억원 이하 국민주택 취득세 등 1.1%(지방교육세 0.1% 포함)
○ 조정지역 6억원 이하 국민주택 취득세 등 → 8.4%(지방교육세 0.4% 포함)

- 지방교육세 중과세 (중과세 대상 주택 → 0.4%)
○ 일반과세 : 주택규모 및 가액에 따라 0.1% ~ 0.3%
○ 중과세대상 주택 : 0.4%

- 농어촌특별세 중과세
○ 일반과세 : 국민주택 → 없음, 국민주택 규모 초과 주택 0.2%
○ 조정대상지역내 2주택, 일반지역 3주택 0.6%
○ 조정대상지역내 3주택, 일반지역 4주택 1.0%

2022년 연도중 종합부동산세 개정 내용

[개정 세법] 주택분 공정시장가액비율 하향 조정
(종합부동산세법 시행령 제2조의4)
2022년 공시가격 상승 등에 따른 과도한 종합부동산세 부담 발생을 완화하기 위하여 주택분 종합부동산세 과세표준 계산 시 적용하는 공정시장가액비율을 현행 100%에서 **60%**로 하향 조정함.

□ 종합부동산세법 시행령
제2조의4(공정시장가액비율) ① 법 제8조제1항 본문에서 "대통령령으로 정하는 **공정시장가액비율**"이란 100분의 60을 말하되, 2019년부터 2021년까지 납세의무가 성립하는 종합부동산세에 대해서는 다음 각 호의 연도별 비율을 말한다. <개정 2019. 2. 12., 2022. 8. 2.>
1. 2019년: 100분의 85
2. 2020년: 100분의 90
3. 2021년: 100분의 95

부칙 <제32831호, 2022. 8. 2.>
제1조(시행일) 이 영은 공포한 날부터 시행한다.

[개정 세법] 일시적 2주택 등 1세대 1주택자 주택 수 종합부동산세 특례 신설 (종부세법 §8·9·17)

현 행	개 정
<신 설>	■ 일시적 2주택·상속주택·지방 저가주택에 대한 1세대 1주택자 주택수 종부세 특례 ■ (대상) 다음 중 하나의 요건을 충족하는 경우 ① (일시적 2주택) 1세대 1주택자가 종전 주택 양도 전 다른 주택을 대체 취득*한 경우 　* (시행령) 신규주택 취득 후 2년 내 종전주택 양도하는 경우로 한정 ② (상속주택) 1세대 1주택자가 상속을 원인으로 취득한 주택*을 함께 보유하는 경우 　* (시행령) 상속개시일부터 5년이 경과하지 않은 주택 - 다만, ①저가주택(공시가격 수도권 6억원, 비수도권 3억원 이하) 또는 ②소액지분(상속주택 지분 40% 이하)인 경우 기간제한 없음 ③ (지방 저가주택) 1세대 1주택자가 지방 저가주택*을 함께 보유하는 경우 　* (시행령) 가액기준 등 구체적 사항은 시행령에서 규정 ■ (특례) 1세대 1주택자 판정 시 주택 수에서 제외 　* 과세표준에는 해당 주택 공시가격을 합산하여 과세 - (기본공제) '22년 : 11억원 - (고령자·장기보유 세액공제) 일시적 2주택, 상속주택, 지방 저가주택 외 주택에 해당하는 세액에 대해 적용

현 행	개 정
<신 설>	■ (절차) 9.16.~9.30.까지 관할세무서장에게 신청 ㅇ (사후관리) 요건 미충족 시 주택 수에 합산하고 경감세액 및 이자상당가산액 추징* * (시행령) (1세대 1주택자가 아닌 것으로 보아 계산한 세액 - 1세대 1주택자로 보아 계산한 세액) + 이자상당가산액

<적용시기> '22.1.1. 이후 납세의무가 성립하는 분부터 적용

종합부동산세법 시행령 개정 주요내용

[1] 일시적 2주택

(종부세법 §8④2호) 1세대 1주택자가 주택을 양도하기 전에 다른 주택을 대체취득하여 일시적 2주택이 된 경우로서 대통령령으로 정하는 경우 주택 수 제외

□ 일시적 2주택 요건
1세대 1주택자가 종전 주택을 양도하기 전에 신규 주택을 취득한 후 2년이 경과되지 않은 경우

[2] 상속주택

(종부세법 §8④3호) 상속받은 주택으로서 대통령령으로 정하는 주택은 1세대 1주택자 판정 시 주택 수 제외

□ 상속주택 적용요건

❶ (일반상속) 상속 이후 5년간 상속주택 수에 상관없이 1세대 1주택자 판정 시 주택 수 제외
❷ (저가주택·소액지분) ❶가액요건(공시가격 수도권 6억원/비수도권 3억원 이하) 또는 ❷ 지분요건(40% 이하) 충족 시 기간제한 없이 주택 수 제외

[3] 지방 저가주택

(종부세법 §8④4호) 주택 소재 지역, 가액 등을 고려하여 대통령령으로 정하는 주택은 1세대 1주택자 판정 시 주택 수 제외

□ 지방 저가주택 적용요건

❶ 1세대 2주택자 : 지방 저가주택 1채만 주택 수 제외
❷ 공시가격 3억원 이하
❸ 수도권, 광역시(군 제외), 특별자치시(읍·면 제외)가 아닌 지역

[4] 납부유예

> (종부세법 §20의2) 납부유예 적용요건 법률에 규정(만60세 이상 또는 5년 이상 보유, 총급여 7천만원 이하, 세액 100만원 초과), 기타 필요사항은 대통령령으로 정함

□ 납부유예 신청절차

○ (신청인) 관할 세무서장에 납세유예 신청서 제출
○ (관할 세무서장) 납부유예 신청인에게 납부유예 허가 여부를 납부기한 만료일까지 서면 통지

□ 납부유예 종료 시 납부세액 계산방법 : ① + ②

① (납부대상 금액) 납부유예 허가 금액에서 납부한 금액을 차감한 금액
② (이자상당가산액) 납부유예 허가 연도의 납부기한이 지난 날부터 징수세액 고지일까지 기간 × 국세환급가산금 이자율(연 1.2%)

[부   칙] 종합부동산세법 시행령 <제32918호, 2022. 9. 23.>
제1조(시행일) 이 영은 공포한 날부터 시행한다.
제2조(주택분 종합부동산세액 계산 시 적용되는 주택 수 계산에 관한 적용례) 제4조의3 제3항제3호나목, 라목 및 마목의 개정규정은 법률 제18977호 종합부동산세법 일부개정법률의 시행일이 속하는 연도에 납세의무가 성립하는 경우부터 적용한다.